ガラパゴスを歩いた男

朝枝利男の太平洋探検記

丹羽典生

Norio Niwa

教育評論社

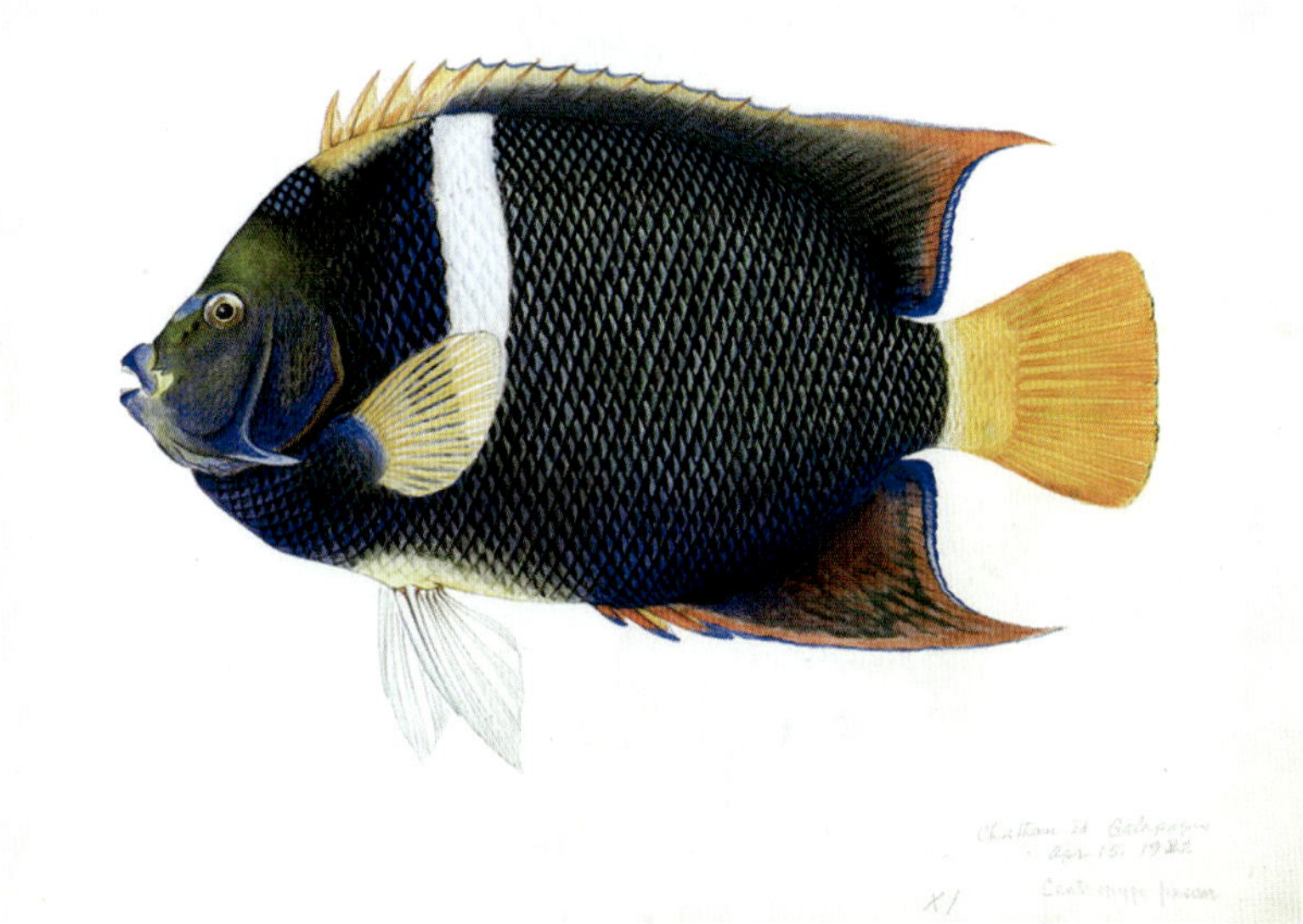

カラー図版1　ガラパゴス諸島サンクリストバル島レック湾のキングエンゼルフィッシュ（1932年4月15日、製作：朝枝利男、カリフォルニア科学アカデミー）Toshio Asaeda (1893-1968), "King angelfish (Holacanthus passer)," California Academy of Sciences, accessed January 15, 2024, https://calacademy.omeka.net/items/show/131.

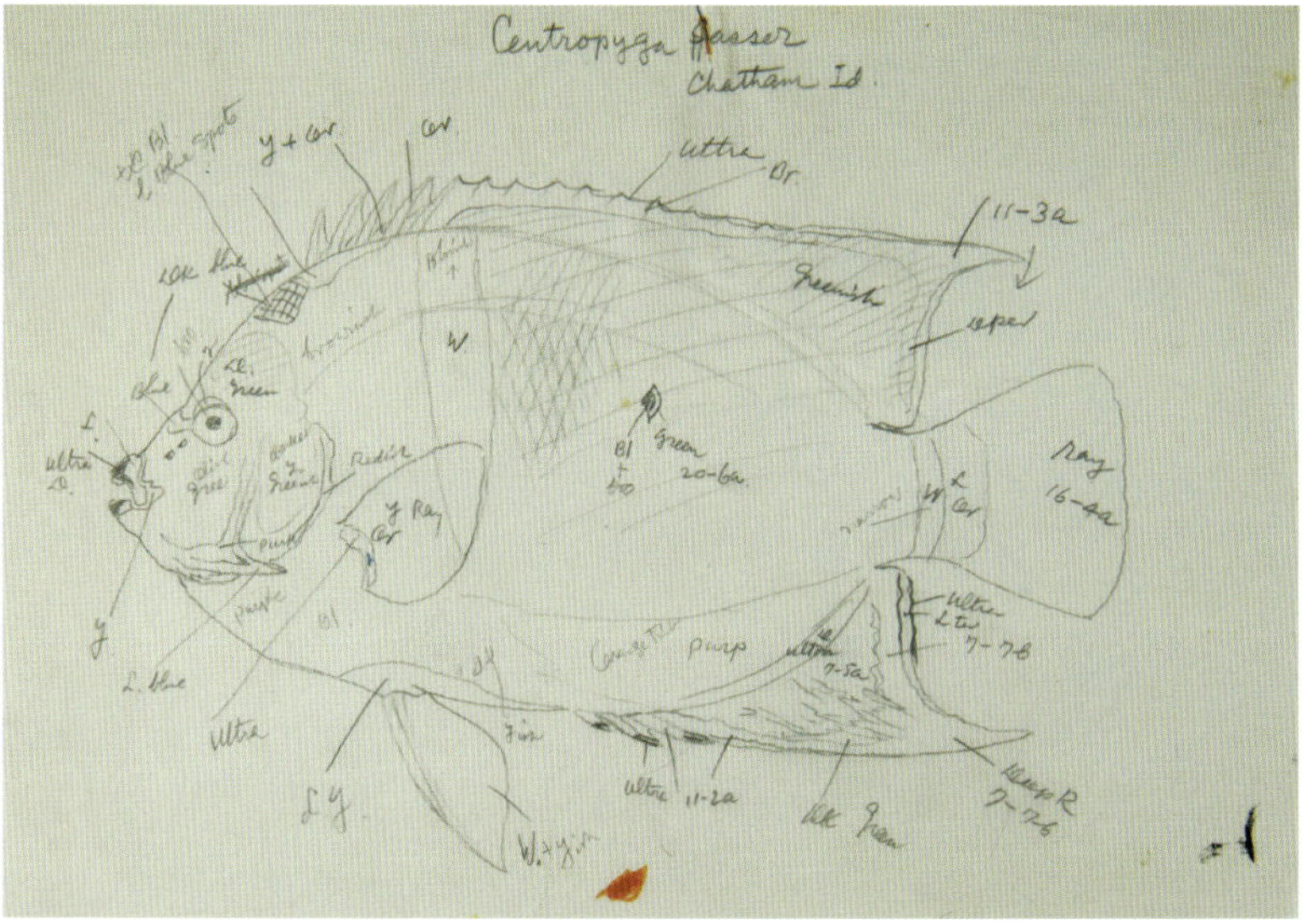

カラー図版2　ガラパゴス諸島サンクリストバル島のキングエンゼルフィッシュのスケッチと色彩の指定（製作：朝枝利男、国立民族学博物館朝枝利男コレクション）

カラー図版 3　ガラパゴス諸島フロレアナ島のフラミンゴ（1932 年 5 月 23 日、製作：朝枝利男、カリフォルニア科学アカデミー）Toshio Asaeda (1893-1968), "Flamingo (head only)," California Academy of Sciences, accessed January 15, 2024, https://calacademy.omeka.net/items/show/457.

カラー図版 4　ガラパゴス諸島エスパニョラ島のガラパゴスハト（1933 年 4 月 20 日、製作：朝枝利男、カリフォルニア科学アカデミー）Toshio Asaeda (1893-1968), "Galápagos dove (Zenaida galapagoensis)," California Academy of Sciences, accessed January 15, 2024, https://calacademy.omeka.net/items/show/460.

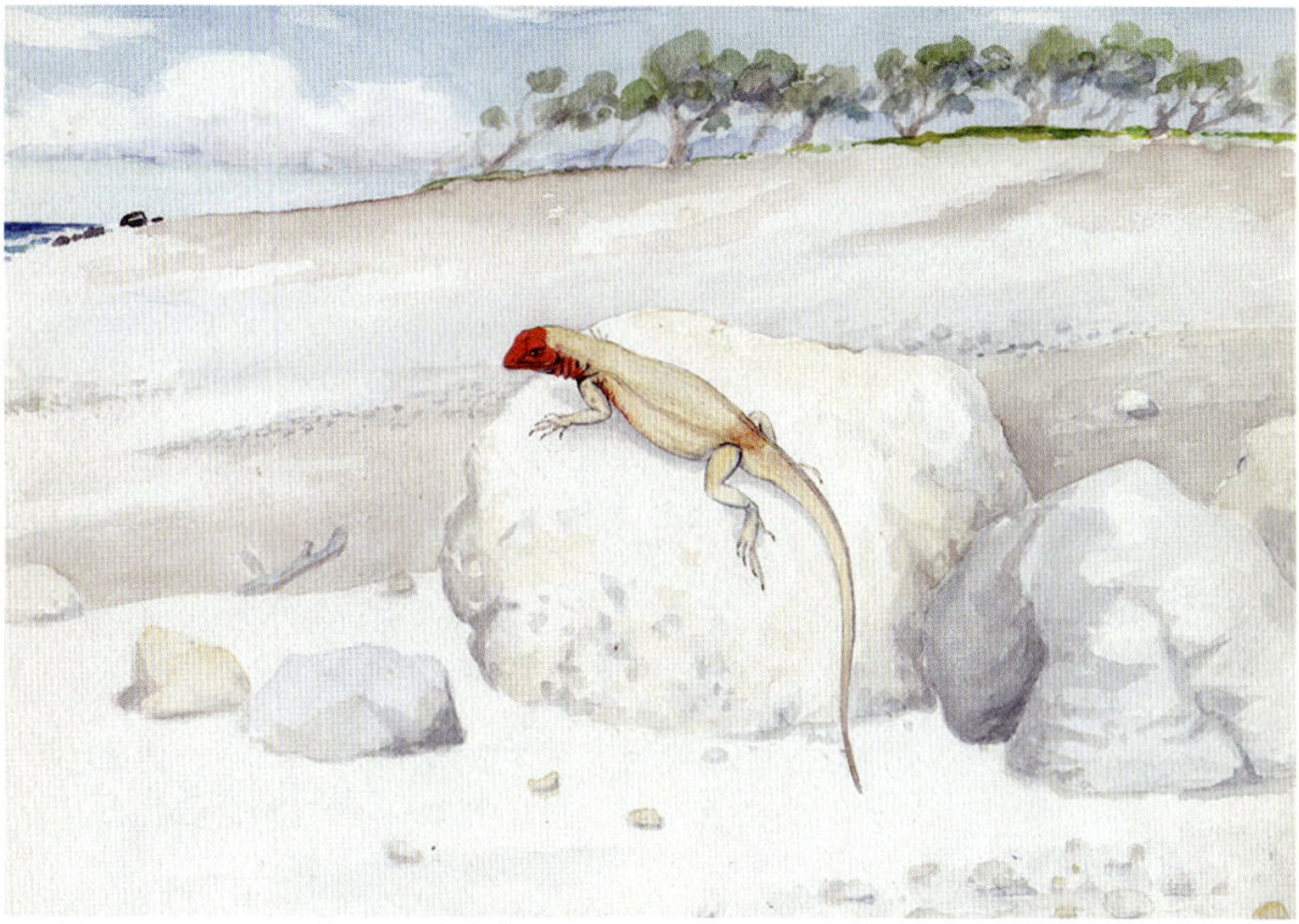

カラー図版5　ガラパゴス諸島バルトラ島のヨウガントカゲ（1932年6月10日、製作：朝枝利男、カリフォルニア科学アカデミー）Toshio Asaeda (1893-1968), “Lava lizard (Microlophus albemarlensis) #1,” California Academy of Sciences, accessed January 15, 2024, https://calacademy.omeka.net/items/show/323.

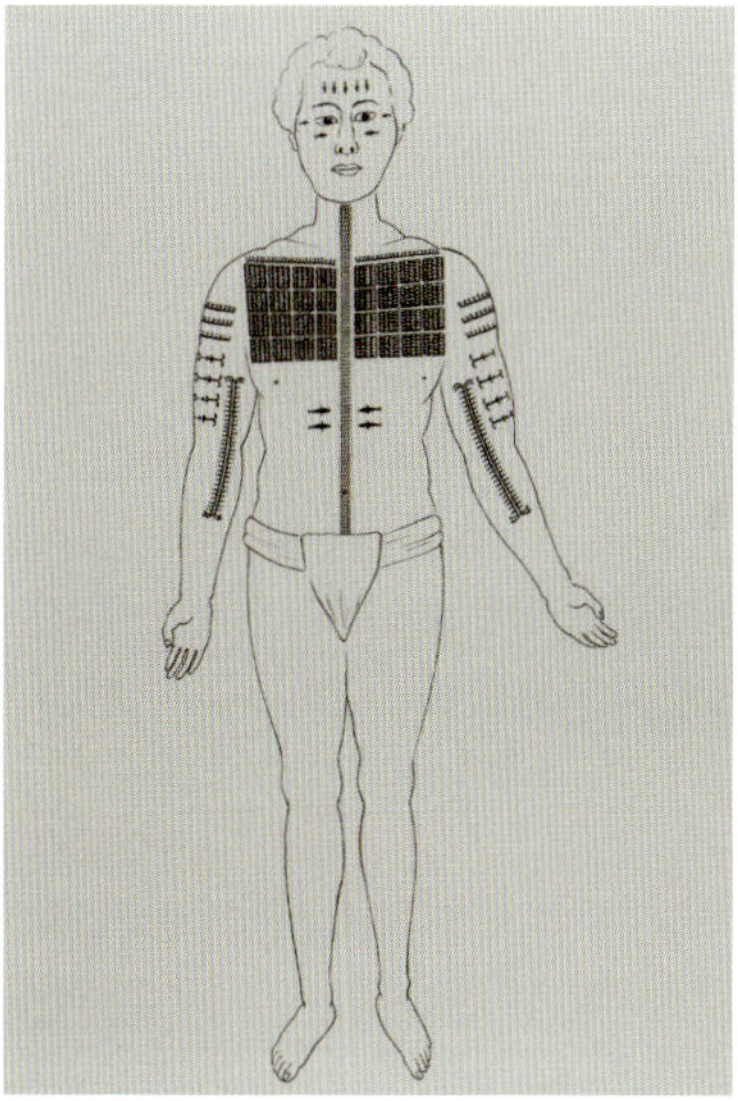

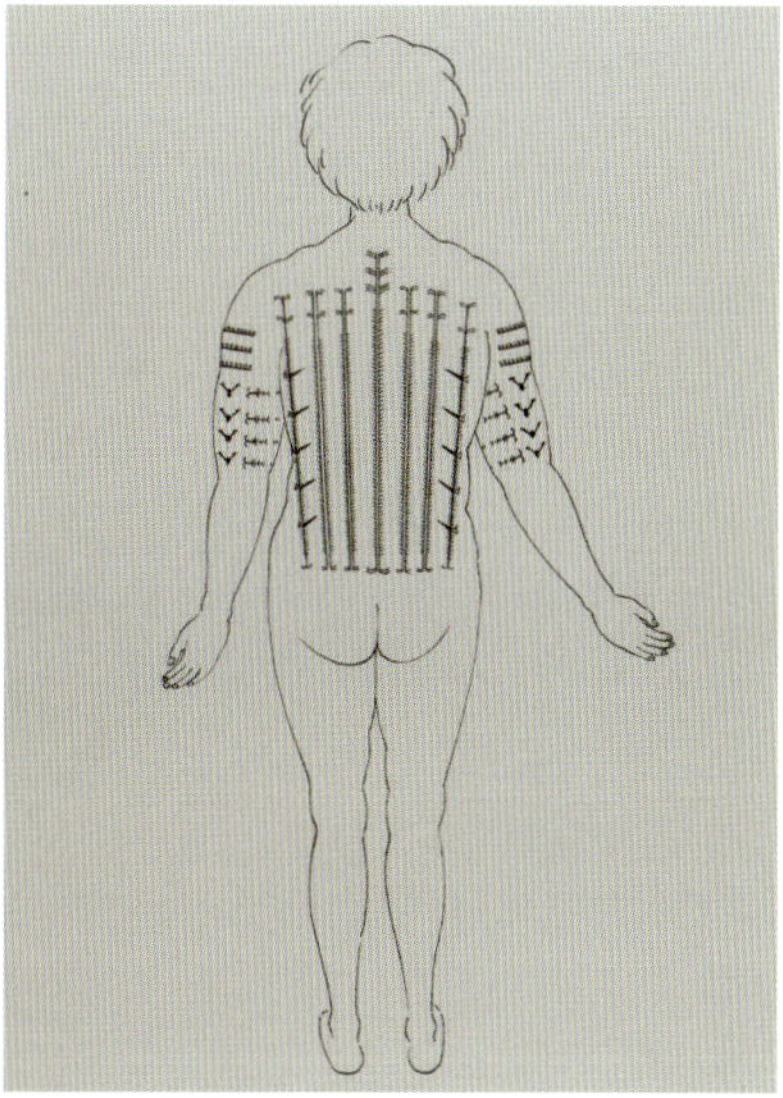

左：カラー図版6　ソロモン諸島アヌタ島の男性の正面の入れ墨（製作：朝枝利男、ケンブリッジ大学考古学人類学博物館）Museum of Archaeology and Anthropology in University of Cambridge, Box318 OA1/2/10.
右：カラー図版7　ソロモン諸島アヌタ島の男性の背面の入れ墨（同）Museum of Archaeology and Anthropology in University of Cambridge, Box318 OA1/2/10.

カラー図版 8　トパーズ収容所の風景画（1943 年、製作：朝枝利男、国立アメリカ史博物館）”Topaz Camp, 1943” National Museum of American History, ID Number 1986.3047.01.

カラー図版 9　トパーズ収容所の風景画（1943 年、製作：朝枝利男、スプリングビル美術博物館）”Barracks 5 & 6, Block 28 Seen from East, Topaz” as Springville Museum of Art, gift of Anthony and Lynda Christensen.

ガラパゴスを歩いた男——朝枝利男の太平洋探検記

【凡例】

・引用に際しては、適宜表記を改めている。旧仮名・旧漢字は新仮名・新字体に、大文字の促音は小文字にした。繰り返しの記号は活字にしてある。また、原文に付されていたルビは削除してある。本書でルビが振られている箇所は編集部による。ただしカタカナ表記の場合は、新仮名・促音の表記はそのまま残してある。

・引用中の角括弧（［ ］）とその中の文言は、筆者の注釈である。読者の読みやすさを考慮して便宜上付した。

・本書では、朝枝利男の日記やアルバムを頻繁に参照している。これらの資料に関してすべての出所を参照文献形式や引用形式で付けるのは煩瑣になるため、文中に当該箇所に参照した資料（日記かアルバムか）及びそれらの日付を記載する形式とした。「＊」は手書き文字が判読できなかった箇所である。

・写真のキャプションで国立民族学博物館Xではじまるものは、すべて同館の朝枝利男コレクションに所蔵されている。

目次

第三章　ガラパゴスでの発見と記録

第四章　太平洋を駆け抜ける

第五章　探検を終えた朝枝利男

〔目次扉写真〕
ガラパゴスゾウガメ（子供）（ガラパゴス諸島サンタクルス島、一九三二年五月一二日、撮影：朝枝利男、国立民族学博物館 X0076097）

装丁：花村　広

序章　バックヤードでの出会い

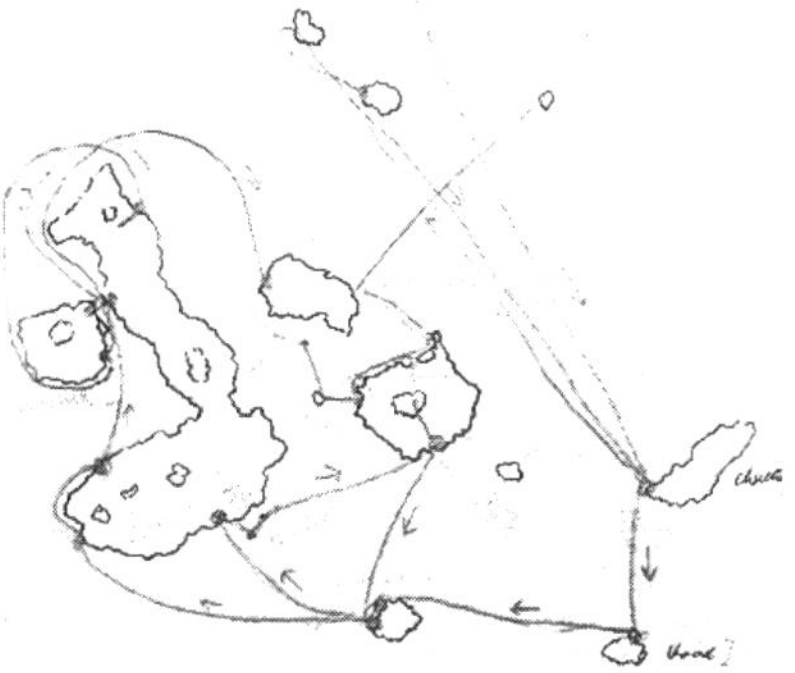

一　ガラパゴス探検の日本人パイオニア

†忘れられた探検家

博物館の収蔵庫には、そこで日々働いている者にとってさえ思いがけない事物が保存されている。仕事の机から離れ、階段を下りて扉を開けるだけの距離に予想外の出会いが待っているのだ。本書の主人公朝枝利男と筆者との出会いもそうであった。短いエッセイの執筆に必要な太平洋地域の写真の原本を確認するために、業務の隙間をぬって映像音響資料室に足を運んだ時である。事前に保存を担当していた方に電話で確認すると、朝枝利男という見知らぬ人物によって撮影された写真には、補足資料があわせてあるという。そこでバックヤードに赴くと、そこには彼の水彩画、日記が何箱も保管されていた。彼の水彩画の美しさにみせられ、日記の証言に胸を躍らされ、時間はあっという間に過ぎていった。この偉業をなした朝枝利男とはいったい誰なのだろうか。このバックヤードでの偶然の出会いが、本書の執筆に至るきっかけである。

本書では、探検家・朝枝利男の生涯についてガラパゴス諸島への探検を軸として紹介する。朝枝利男はいまでは無名といってよかろう。しかるにダーウィンに進化論の着想をもたらした聖地とされるガラパゴス諸島と日本とのかかわりの歴史を考える時には、欠かすことができない人物である。たとえば、日本ガラパゴスの会の『日本・ガラパゴス50年史』の序章である「前史／朝枝利男物語」は、次のように書き出されている。

朝枝利男（1893-1968）はガラパゴス探検の日本人パイオニアである。本書の日本ガラパゴス交流50年史の枠のなかに入らない1930年代の探検であるが日本ガラパゴス史の中で外す事が出来ない存在である。彼のガラパゴス探検が日本または日本人に与えた影響は、ほとんど皆無と云っていいが、ここに50年史の序章として記録しておく（伊藤・西原二〇一六）。

日本のガラパゴス史における朝枝の重要性と位置づけの難しさは、この手短な紹介から明瞭に伝わる。別言すれば、日本人のガラパゴス研究の草分けであることは確かながら、後世に残る実績とは何かと問われると説明しがたいわけである。先に引用した文章のタイトルに「前史」とあるように歴史の前に属するわけである。日本におけるガラパゴス研究を牽引し、生前の朝枝と会ったことのある伊藤秀三が、朝枝をこのように見立てているのは傾聴に値する。

実際のところ伊藤秀三は、朝枝利男の数少ない紹介者である。『新版ガラパゴス諸島――「進化論」のふるさと』のなかで、次のように指摘している。

このなかで、一九三二年に行われたカリフォルニア科学アカデミーの二度目の探検には、隊員として、はじめての日本人が参加した。同アカデミーの技師をつとめていた浅《ママ》枝利雄《ママ》氏である。同氏の仕事は、写真撮影、標本のスケッチ、彩色であった。まだカラー・フィルムがなかったころの時代である。海から引き揚げた動物や藻類を、変色しないうちに手早く、正確にスケッチし、彩色する仕事は貴重であった。同氏は、日本人の繊細な手先を買われて参加したのである。国際探検隊出発の直前に、私は浅《ママ》枝さんにお会いする機会を得た。ご自分で作成されたガラパゴスのスケッチ・ブックや写真を前にした氏のお話によって、私の予備知識が豊富になったことはいうまでもない（伊藤 一九八三：三六）。

朝枝が、日本のガラパゴス史を考えた時に欠かすことのできない人物であることがわかろう。だが朝枝がどういった人物であるのか、どこに生まれ、何を学び、どこに住み、何をなしたのか、知られるところは少ない。上述した伊藤の著作が略歴を提示していたほか、かつてテレビ番組で彼の生涯が取り上げられていたのが数少ない記録といえよう。

本書の筆者である私でさえ、そもそも朝枝については何も知らなかった。私は大阪の吹田にある国立民族学博物館に勤務しているが、その収蔵庫で朝枝利男コレクションにたまさか出会うことになった。朝枝の遺族は、彼の死後に残された写真、日記や水彩画などを国立民族学博物館に一式寄贈していたのであった。ほかならぬそうした博物館に勤務していたにもかかわらず、私はコレクションの存在にすら気づいていなかったのだ。

折を見てコレクションの閲覧を進めていくうちに、私は六千枚ほどに及ぶ膨大な写真から約一三〇枚の水彩画に大いに魅せられていった。また、彼の残した手書きの探検記を少しずつ読み解き、関連資料を発見していくなかで、彼の生涯に対する私の理解も多少なりとも深まっていった。正直に告白しよう。調査をはじめた当初、日本語環境では朝枝に関する記録があまりにみつからなかったため、ひょっとして本館所蔵のコレクションは朝枝を名乗る人物による創作や偽史の類がまぎれこんでいるのではないかという疑いが脳裏をよぎったことがあった。

幸いなことに時代はデジタル化の時代を迎え、一昔前であれば手に入れるだけで何年もかかったような書籍や新聞・雑誌記事、海外に収蔵された博物館資料へのアクセスが格段に容易になった。二〇二〇年にはじまった新型コロナ感染症の拡大は海外調査を阻害した一方、こうしたデジタル化をあとおしすることに寄与したのではないだろうか。さらにデジタル検索は、アクセスどころか存在すら知らなかった関連文書を容易にみつけ出すことを可能にした。調査をすすめるなか、朝枝自身が生前に少なくとも一冊の本のほか、数多くの記事を執筆・公刊していたことがわかり、彼の生涯が垣間みられる断片的な資料もある程度集めることができた。何よりこれらを相互に裏付ける資料が、海外の博物館から多数発掘できた。本書は、こうした資料に依拠して、朝枝の生涯と仕事について現時点でわかっていることを紹介するものである。

二　日本人最初のガラパゴス諸島への訪問者か

†人名事典の表記

まずは人名事典を確認してみよう。当該事典は、朝枝利男について「地質学者日本人として初めてガラパゴス諸島を探検」と簡潔に特記事項を記している。そして生没年から履歴まで簡潔に記したうえで、一九三二年、三八歳の時に「米国からの探検隊の一員として日本人では初めてガラパゴス諸島を訪れる」と記載している（日外アソシエーツ二〇一四：一五）。彼の名前がそもそも事典の項目として取り上げられた理由も、探検隊として最初にガラパゴスに訪問した人物であるという事績が重視されていたであろうことは、想像に難くない。

ただし「日本人として初めてガラパゴス諸島を探検」とある点には注意しておきたい。「最初にガラパゴス諸島を訪問した日本人」と断言できないのである。私はその可能性も十分あるとは思っているが、そう言い切るためには往事のガラパゴスにおける出入国記録を精査する必要がある。いまの段階ではっきりいえるのは、あくまで探検あるいは調査隊のメンバーとして最初に訪問した人物であろうというに留まるのだ。

もうひとつ指摘しておきたいことがある。朝枝利男本人は、どうやらガラパゴスに最初に訪

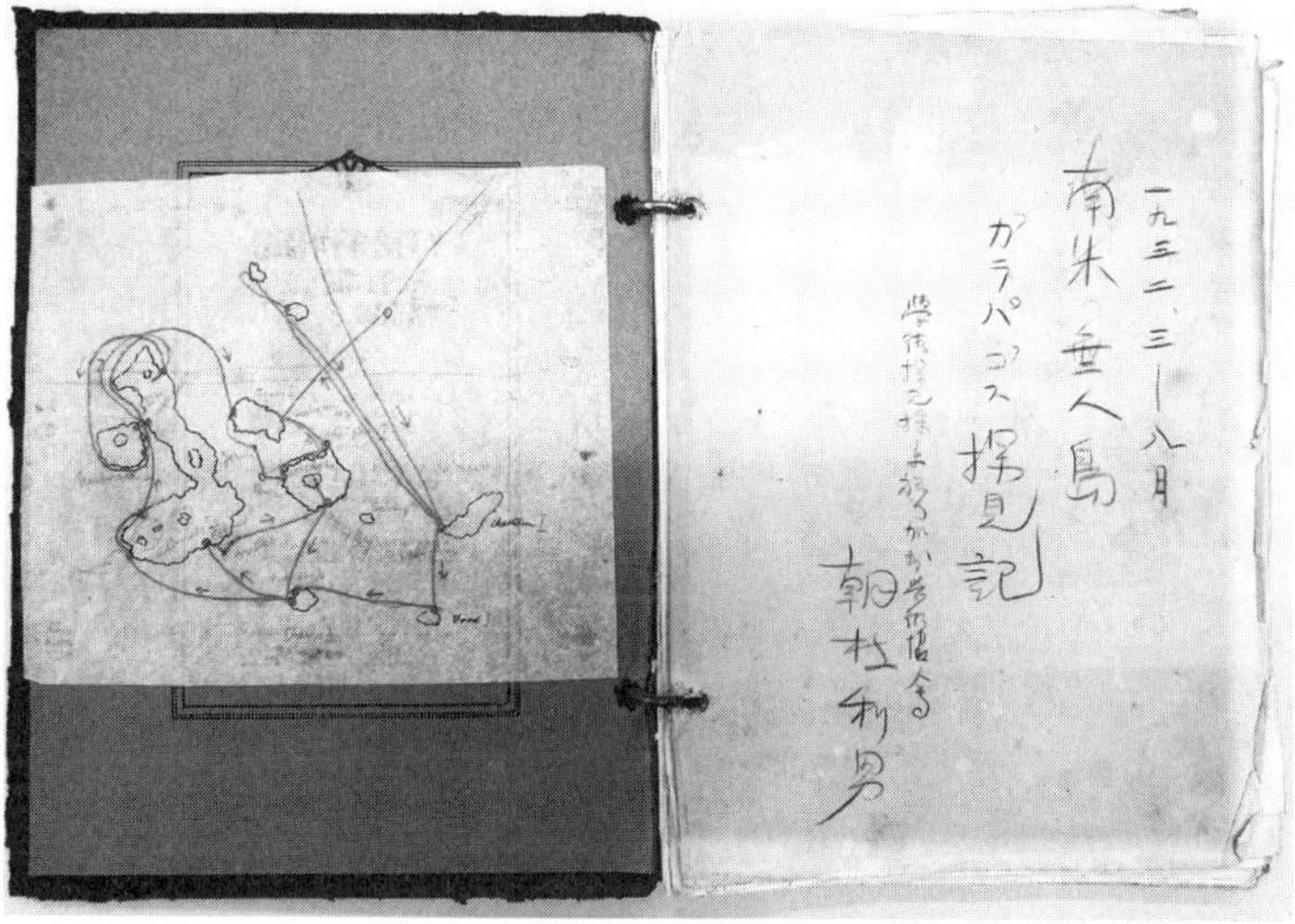

図1　『南米無人島ガラパゴス探見記』の内表紙（製作：朝枝利男、国立民族学博物館朝枝利男コレクション所蔵）

問した日本人であるかどうかをさほど気にしていなかったようなのだ。『南米無人島ガラパゴス探見記』と題されたガラパゴス諸島訪問時の日記には、ガラパゴスに足を踏み入れる興奮こそ読み取れるが、日本人として初上陸することを宣言する、気負いめいた文言はまったくみあたらない（図1）。

さらに朝枝はガラパゴス諸島への訪問記を探検のさなかに発表している。それらの日本の新聞や雑誌の記事のなかでも、朝枝は日本人最初であるかどうかすら言及していない。記事の内容はいずれも、ガラパゴスで出会った珍奇な出来事と不思議な動植物の姿で占められている。注目すべきはおそらく編集部がつける新聞や雑誌のリード文においても、日本人最初の訪問であるかどうかが触れられていない。記事を掲載する側も、そのことを重視していなかったのであろう。
時代が下っても同様である。一九四一年に動物学者の高島春雄は、著作『動物園での研究』のなかで朝枝に言及している。朝枝の自筆原稿以外で、彼の活動が紹介されている珍しい箇所である。しかし、以下にみるようにやはり日本人最初の訪問であるか気にされている気配はない。

昭和七年ガラパゴス群島採集隊が島に行きましたが、その中に朝枝利男氏という日本人が加わり、実際に大亀をさがして見つからず、「我々は毎日岸をあさり、山にのぼり、まだ誰も足をふみ入れたことのない山野をさがしたが、ようやく三匹の子供を得たに過ぎなかった」と探検手記に書いて居られます（高島一九四一：一八一）。

ここで言及されている探検手記とは何を指しているのか、文中には参照文献が付されていない。しかし引用された文言からみてまず間違いなく一九三二年八月一一日の朝日新聞における朝枝の記事（朝枝一九三二a：八）である。
もし今後の研究の進展がすすみ、朝枝利男が日本人として最初にガラパゴス諸島に足を踏み入れた人物であることが実証されたのであれば、それはそれで慶賀すべきことであろう。ただし朝枝本人がそうした記録に名前を残すことにどこまで意義を見いだしていたのかは、もう少し慎重に検討してよいと私は考えている。朝枝自身が書き残した記録をみる限り、火山や溶岩などの景観、見知らぬ動植物に囲まれた環境を観察・記録することを純粋に楽しむことが彼の主たる関心であったようにみてとれるのだ。少なくとも私が朝枝の残した記録に引きつけられ、彼についてどんな枝葉末節でも知りたいと思うようになったのは、彼のそうした科学や研究に対する真摯さにある。それでは朝枝の出生の時点まで時代を巻き戻し、彼の生涯をみていきたい。

第一章　渡米して探検家となる

一　アメリカ留学まで

†自然に囲まれた幼少時

まずは朝枝利男の生涯についてみていきたい。朝枝利男は一八九三年（明治二六年）一二月九日に東京で生まれた。[◇1] 原籍は山口県で、士族の出である（東京高等師範学校 一九一七：三三六；一九二一：三五六、五九八）。ただし彼の出生を含めた私生活にはわからないことが多い。そもそも両親がどういった人物かはもとより、彼らの名前も判明していない。兄弟姉妹がいたことは間違いないようであるが、彼らとどれほど深い関係があったのか、それともなかったのかもよくわからない。朝枝は生涯のほとんどを海外で過ごしたが、日本の親戚縁者との関係を匂わす記録がほとんど残されていないのだ。近親者どころか交友関係がうかがえる人物も数えられるほどで、彼の残した資料からみえてくる日本人との関係のほぼすべてが、渡米後に結婚した妻を通じたものである。ただし裕福な家族の出であることは間違いない（Takahashi 1943：2）。

後年の地学や博物学を修めてガラパゴス探検に乗り出すほどの自然に対する興味関心の持ち方は幼少期からあったようだ。彼としては珍しい自伝的エッセイのなかで、半年ほど東京の伯父の家で暮らす時期があった際に抱いていた田舎での自然に囲まれた生活へのあこがれについて言及している。母親をはやくになくし、父親や兄弟から一人離れての生活のさなかにおいて生まれた自然への渇望であったという（朝枝 一九二三：一）。

二〇世紀の頭あたりの頃であろうか、朝枝の夢は実現している。「自分の少年時代八年間の故郷である」（朝枝 一九二三：三九六）とまで後年回顧している、群馬県富岡市一ノ宮での生活である。ここに転居した朝枝は、旧前田藩の藩邸跡地にある群馬県立富岡中学（現群馬県立富岡高等学校）に三、四年ほど通い、また学校の外では妙義山界隈の自然に親しみつつ過ごしたという（朝枝 一九二三：三九六）。しかし朝枝にとっての夢の生活は長く続かなかった。富岡中学の在学四年目に、父親の他界に伴い帰京しているのだ（朝枝 一九二三：一—二、三九六）。

山に囲まれた群馬県での生活を、朝枝はたいそう気に入りすぐに手放すことはなかった。東京に戻った朝枝は、一九一一年に東京の麻布中学を卒業しているが（Department of Justice Division of Records 1941-1942; 東京高等師範学校 一九一二：三五六、五九八）、その後、群馬県へと戻り中里尋常高等小学校で教員になっていた。明治天皇が崩御し、大正に時代が移り変わった直後の一九一二年一〇月から一九一四年の九月のことである（Department of Justice Division of Records 1941-1942）。

もし朝枝がそのまま教職に留まり続けていれば、登山や博物学に人一倍興味を抱く地方在住の自然愛好家のひとりとして歴史のなかに埋もれていたかもしれない。少なくとも太平洋を旅した探検家朝枝利男は誕生しなかったはずだ。しかし彼は、教鞭を執りながらも日本各地に足を運び、地学や博物学について自己研鑽を怠ることがなかった。生前に刊行されたことが確認できる朝枝の唯一の著作からもそのことは推測できる。当該書籍には手書きのスケッチが複数枚ほど挟み込まれているが、これらが朝枝の自作のものであるとすると、一九一五年四月七日には、伊豆東岸の富戸《ふと》を訪れて地学的な観察を記録している（朝枝 一九二三：三二一）。

実際、この様な修業時代の朝枝の姿を垣間みる興味深い証言がある。朝枝は、東京高等師範学校の山内繁雄博士と神奈川県の浦賀大津海岸でたまさか遭遇していた。一九一〇年代半ば頃の夏のことであったという（丹羽 二〇二二：三五四）。山内はその時の朝枝の印象を温かな視線で描いている。若かりし日の朝枝の姿を伝える数少ない記録である。ここで紹介したい。

朝な夕な日中に、海岸の浜づたいの徒歩に、水泳ぎに、船こぎに、敏活に動き、岩石貝殻海藻あつめ、風景の水彩画・見取り図の調製に忙わしく、しかも心からこれに趣味をもたれ、往きかう人遊びつどう人にたずねられれば、誰彼の好悪の差別をおかず、親しみ話しあうさまは、滞在中いつも少しもかわりがないので、洵《まこと》によく自然を愛する人との深い印象を与えられた（山内 一九二三：二）。

海洋生物への関心、岩石や生物の収集、標本や水彩画や図の製作などなど、探検時代に朝枝が逸材として重用されることになる博物学的技術への関心がすでに深く根付いていたことがわかる。旺盛な好奇心と活動的な姿も後年の彼と重ねることができよう。

†東京高等師範学校への進学

しかし朝枝はこうした自己研鑽だけでは飽き足らず、その後、進学を決心している。浦賀海岸での出会いもあってのことだろうか、朝枝は山内繁雄のいた東京高等師範学校を選んでいる。一九一六年（大正五年）に東京高等師範学校の理科第三部予科（甲）に（東京高等師範学校 一九一六：三三八）、ついで一九一七年（大正六年）には同校理科第三部本科に入学している（東京高等師範学校 一九一七：三三六）。順調に学業を修得して、三年後の一九二〇年（大正九年）三月には、同校の第三部甲組（博物、地理）を卒業した（東京高等師範学校 一九二一：三五六、五九八）。なお、学費はすべて私費で賄っていたようだ（東京高等師範学校 一九一六：三三八；一九一七：三三六；一九二一：三五六、五九八）。実家が豊かであったという証言の裏付けになる。

朝枝の生涯において東京高等師範学校での経験は、彼に学問的の基礎を与えるだけではなく、その後の人生にもかかわる人脈の形成に一役買うこととなった。技術的な側面では、高等師範学校本科への在学二年目にあたる一九一七年に、写真撮影をはじめていた◇2（California Academy of Sciences 1949a）。カメラマンとなる朝枝にとって重要な起点である。学問的な雰囲気としては日本に優生学を導入した先述の山内繁雄のほか、朝枝の予科時代の学級主任には進化論の啓蒙的著作で知られる丘浅次郎がいた（東京高等師範学校 一九一七：二九四）。これら恩師の名前を列記すると、朝枝が吸収した生物学・博物学の時代的状況が垣間みえよう。

†シカゴ大学への留学を目指す

東京高等師範学校卒業後は、母校であった東京の私立麻布中学校にて教鞭を執っている◇3（東京高等師範学校 一九二一：三五六、五九八）。一九二〇年頃のことで、地理を担当した。しかるに麻布中学での教員生活は長く続かなかった。一九二三年三月にはやくも退職している（麻布学園百年史編纂委員会 一九九五：一一六八、一一九〇—一一九一）。在任期間はわずか二年程度ということになる。一方で、朝枝は学生に確かな印象を残していた。後に教育用の地理模型を製作することになる西村健二は、麻布中学教員の朝枝に感化されて、地理の面白さに目覚めたと後年回顧している（宮下 二〇一九：三〇）。

学業を終えて教員となっていた朝枝であったが、彼は卒業後も自己研鑽を怠らなかった。たとえば、日本各地の火山に対する地学的観察は続けていた。一九二〇年八月三〇日には伊香保温泉の火災に立ち会い（朝枝 一九二三：三九〇）、一九二一年の一月上旬に浅間山界隈（朝枝 一九二三：四二〇と四二一のあいだの挟み込み）、七月に硫黄岳にてスケッチを描いているほか（朝枝 一九二三：四五五）、一九二二年一月前半には伊豆にて火山の観察や地形・地質の調査を敢行している（朝枝 一九二三：一七二、一八〇、三一二）。

さらに博物学的な技術にかかわることとしては、色彩の再現に挑戦していた節がうかがえる。

カリフォルニア科学アカデミーには、朝枝が、一九二一年の東京にて描いた油絵が残されている。それは水上に浮かぶ船と船乗りを、銀塩キャンバスの上にカラーで彩色したものである。おそらく白黒写真の上に、色彩を落としたものではないだろうか（図2）[◇4]。

朝枝がかくも短期間で職を辞したのは、留学を決意したためである。アメリカへの留学を決めるにあたり、先述した恩師山内繁雄からの推薦が強く後押ししたようだ（丹羽二〇二一：三五六－三五七）。

さてここで先程から何度か登場していた山内繁雄について紹介しておきたい。彼は探検家朝

図2 「東京にて」と題された絵画（1921年頃、製作：朝枝利男、カリフォルニア科学アカデミー所蔵）

枝が生まれたきっかけとしても重要な位置を占める人物であると思われるからである。山内は、山形県生まれの生物学者である。山内繁雄は藻類の研究で一家をなし、当時最先端の優生学を日本に導入して、大日本優生会を発足させた人物のひとりである（平田二〇〇二）。これら日本の生物学史上の事績からいまでも批判的に検討されることがある（Otsubo 2005; 大坪二〇一三）。

経歴をみてみよう。山内は東京高等師範学校を卒業したのちに同校講師として着任。その後渡米してコロンビア大学とシカゴ大学にて学位を修めている（Chihara and West 1998; 千原一九九九：七六）。一九一一年には、東京帝国大学からも理学博士を授与されて（大蔵省印刷局一九一一：一五七―一五八）、一九一〇年から一九二七年まで東京高等師範学校で教鞭を執っていた（Chihara and West 1998; 千原一九九九：七六）。朝枝と知り合ったのはこの山内が高等師範学校にいた時代と思われることはすでに触れた。山内は、朝枝の在学時、植物、生物の教授（東京高等師範学校一九一七：二八五）、生物学の学科主任（東京高等師範学校一九一七：二九六）であった。山内は、『博物学教授及研究之準備』（一九〇二年、東洋社、野原茂六との共著）や『高等青年講座第二巻博物』（一九三二年、青年教育普及会）という博物学に関する著作も複数書いている。朝枝の関心と重なることは明白である。在学中に両者は関係を深め、朝枝の自著刊行に際して山内は序文をしたためている。先に引用した箇所はこの序文である。

なお山内の人生も朝枝に負けず起伏に富んだものであった。アメリカのシカゴ大学を拠点に研究に従事していたが、第二次世界大戦をきっかけに帰国している。戦後の一時期は、ダグラス・マッカーサーに相談を持ちかけられ、GHQに通訳や相談役に就任することをこわれたというエピソードが伝えられている（Chihara and West 1998 : 84）。

生物学という彼の専門からは外れるが、山内繁雄が属していた知的なネットワークも興味深い。草創期の人類学・民族学に係わるサークルに属していたのだ。山内は、三田平凡寺の主宰する「第一次世界大戦後から昭和期戦前ころにかけて存続した収集趣味家たちの交遊会」（斎藤一九九七：九一；cf. 山口二〇〇一：三三一―三三二）である我楽多宗のメンバーであった。「第十六番万法山帰一寺」という雅号を与えられた彼は、「遺伝学習資料」（斎藤一九九七：九一）あるいは「遺傳参考品」を収集していた（長岡一九三五：一四五）。

山内のネットワークのなかにはもうひとり興味深い人物が浮かび上がってくる。同じシカゴ大学と我楽多宗に属していた、日本研究者フレデリック・スタール◇5（シカゴ大学人類学科教授）である（斎藤一九九七：九一）。両者の浅からぬ交流が想像できよう。実際、日本人類学の草創期の学者である坪井正五郎が渡米した際の日記には、山内やスタールと交流した様子が描かれている（川村二〇一三：三二三―三二五）。山内とスタールとの関係の深さは別の資料からも裏がとれる。スタールは日本のお札に関心をもっており、お札博士の別名でも知られていた。スタールのお札の著作が日本語で刊行された際には、その解題を山内が務めているのだ（山内二〇〇七：三三一―三三六；cf. 山口一九九五：五四七―五五五）。

やや遠回りしながら朝枝と間接的にかかわる人間関係について紙幅を割いたのは、こうした人間関係のネットワークこそが朝枝とアメリカをつなぐ当初の結節点だったと推測できるからである。渡米初期の朝枝がシカゴやニューヨークを拠点としていたのは、この人脈を考えると不思議ではない。

ともあれ、こうして朝枝は日本から離れることとなる。二九歳の時だった。一九二三年三月二〇日に横浜から天洋丸の一等客船に乗り込み、四月五日にアメリカのサンフランシスコに到着している。二週間弱の旅路であったが、乗り合わせた人物には、社会主義者片山潜《せん》の娘で当時バレリーナとして有名であった片山安子がいた（日米 一九二三：五）。朝枝は彼らと会話を交わす機会があったのだろうか。残念ながら知られるところはない。

新たな地で研究者として歩みを進め始めた朝枝は、意気軒高であったろう。くしくも著作『徒歩者の為めの趣味の登山』が渡米三ヶ月後に刊行され、順風満帆であった。各種新聞等においても、そのあたりの心情を汲んだかのような宣伝文句が広告文のなかに麗々しく掲載されていた。恩師山内繁雄等の推薦のもと、「筆者の抱負」として以下の文章が載せられているのだ。

徹底したる山岳研究家であり登山の愛好家である筆者、内地のあらゆる山岳を尽し今や本書脱稿を記念に欧米に於ける山岳研究のため長途の渡航を志し今将に遠洋航海中なり、意気に満ちたる壮年著者の快挙や（弥吉 一九八六：二一二）。

しかし実際のところ朝枝はシカゴ大学での学生生活を楽しむことはなかったと思われる。一九二三年九月一日におきた関東大震災は彼の将来の計画を白紙にしたからだ[◇6]。朝枝の生涯に触れた新聞記事によると、留学中の生活費に何冊かの著作の印税を当てにしていたが、関東大震災の結果版元が倒産したため不可能となったとされている（荒木一九八八：三三）。一九二三年四月にサンフランシスコに到着して関東大震災が同年九月であることを考えると、彼がシカゴ大学に在籍したという文言をいくつかの記録のなかで目にする事ができるものの（山内一九二三：二；cf. 朝枝一九三三a；荒木一九八八）、本人が履歴書に記載しているように実際には学生にはなれなかったと思われる。もし朝枝がここで学業をまっとうしていたらまた別の人生をたどることになったであろう。探検家朝枝利男の姿をみることはかなわなかったかも知れない。

二　アメリカでの探検隊への参加

†ニューヨークでの研鑽と写真展入賞

一九二四年、朝枝はニューヨークにいた。四月の渡米以来春から夏にかけてＹＭＣＡで英語の習得に努めていた。九月におきた日本の震災の影響でシカゴ大学への留学の夢は途絶えてしまい、彼は失意のなかオハイオ州クリーブランドの喫茶店で働き、糊口をしのいでいたという。◇7留学という選択肢が絶たれたなか、別の形で、異国の地における生活の足場を固める必要にせまられたわけである。

幸いなことに、朝枝は、動物剥製の展示で一時代をなすジェイムズ・クラーク・スタジオ(James L. Clark Studios)にてポジションを得た。◇8ジェイムズ・クラークは、アメリカ・ロードアイランド生まれ。大型動物のハンター、カール・エイクリーのもとで革新的な剥製技術を習得した、剥製師、彫刻家である。エイクリーによる剥製の顕著な特徴は、フィールドでの調査を重視していた点にあった。野生動物の狩りにみずから出かけ、動物の皮、骨、角を採取するのみならず、採集地での生活の姿を記録に留め、彼らを生きているかのような動きを伴った姿で展示する技法を編み出すことで、当時の自然史関係の博物館に多大なる影響を与えた

(Lemmey 2013：151; cf. Haraway 1984)。一九二六年に師であるエイクリーが亡くなると、クラークがニューヨークにあるアメリカ自然史博物館の展示を指導し、特に一九三〇年代に自然史博物館を革新的に変化させることに一役買った（cf. Levinson and Uricheck 2005：41）。

朝枝が所属したニューヨークのブロンクスのクラーク・スタジオとは、変革の中心地にあったわけだ（Lemmey 2013：151）。朝枝はニューヨークの郊外のアパートの一室をすみかとして（図3）、時折西海岸と行き来しながらもこのスタジオに一九二九年あたりまで留まっていたようだ[◇9]（Takahashi 1943：2）。彼はいわば展示の最先端を行くスタジオにおいて同時代の空気を吸

図3　ニューヨークでの朝枝のアパート（2023年9月9日、製作：ピーター・マシウス、丹羽典生所蔵）

い、優れた技術を間近に接する機会に恵まれたことになる。なおこの時期のアメリカ自然史博物館には、作庭家として名を残している奈良原牛之助がいたが、両者のあいだに交流はあったのだろうか。残念ながら二人の関係を伝えるものは残されていない。

朝枝の活動の広がりを見ると、技術的な進展はいうまでもないが、アメリカという異国の地でも着々と人脈をひろげていた様子がうかがえる。一九二五年から二九年にはサンフランシスコの私立博物館カリフォルニア科学アカデミーの魚類学部門に在籍してきたともされる（California Academy of Sciences 1949a）。実際、西海岸を拠点とする魚類学者デイビッド・スター・ジョーダン（スタンフォード大学総長）や魚類学者バートン・ウォーレン・エヴァーマン（後のカリフォルニア科学アカデミー館長）のもとで、魚類の標本画を描く経験を積んでいたのはこの頃であった。◇10 彼の技術は、すでに完成の域に達していた（図4）。◇11 一九二〇年代後半につくられた同種の朝枝の標本画は、カリフォルニア科学アカデミーにて九点確認ができる。いずれも上述のジョーダン、エヴァーマンに加えてシゲオ・タナカの三名による共著論文のためにハワイの魚類を描いたものである（cf. Jordan, Evermann and Tanaka 1927）。こうした経験はかけがえのないものであったと思われる。東海岸を拠点としていた朝枝が、その後、西海岸に引っ越す機縁となった。特にエヴァーマンを通じては、彼が生涯にわたってかかわることになったカリフォルニア科学アカデミーと出会うこととなった。

ところで、生涯を通じて活躍や仕事ぶりがひろく社会的に認知されることの概して乏しかっ

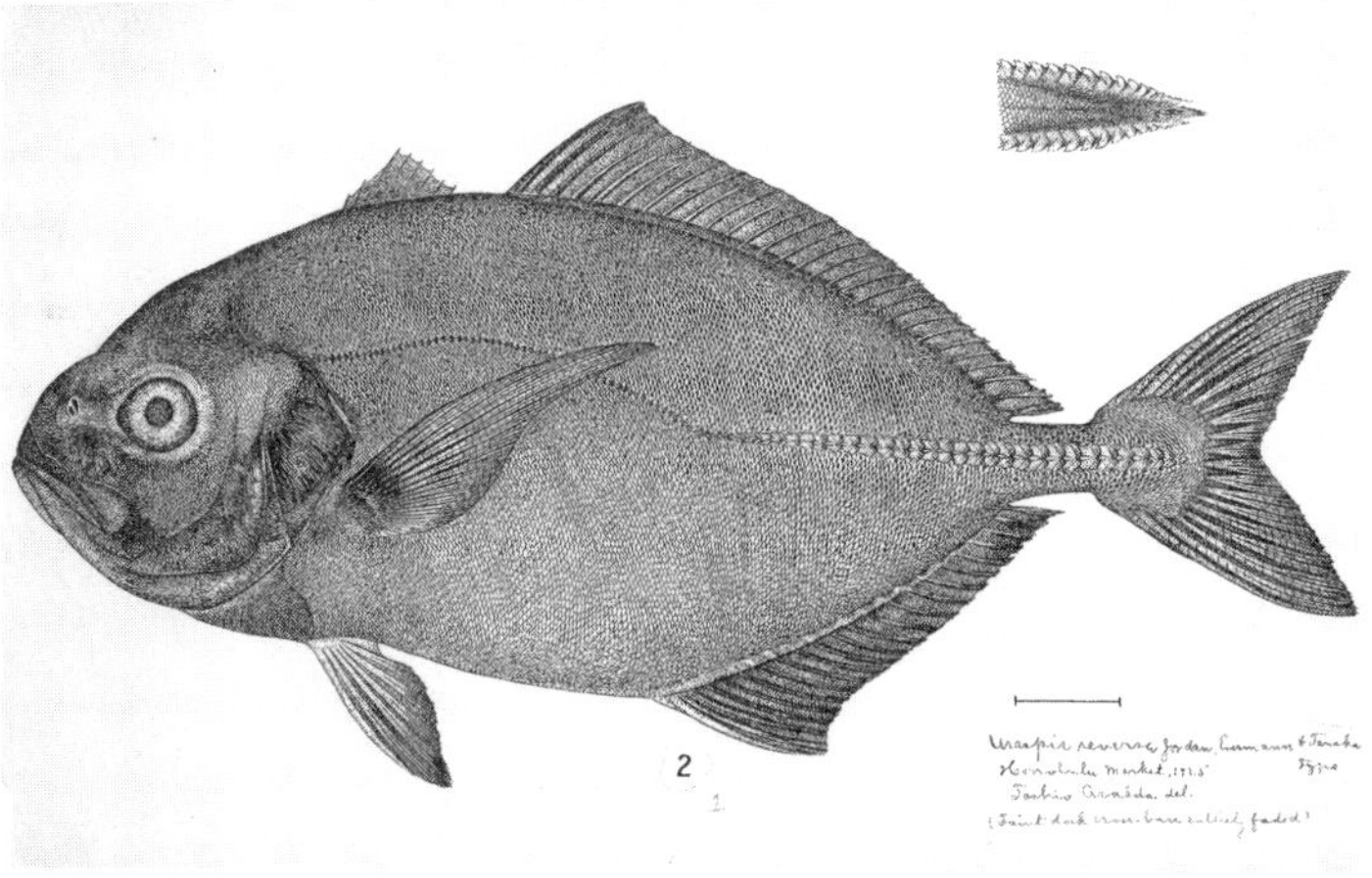

図４　コットンマウスジャックの標本画（1927年、製作：朝枝利男、カリフォルニア科学アカデミー所蔵）

た朝枝であるが、この頃、珍しくスポットライトを浴びることになる。コダック社主催の写真コンテストの自然研究部門で、第一等が彼に授与されたのである。一九二九年七月二八日に刊行されたニューヨーク・タイムズの記事には、彼の授賞作である水辺に浮かぶ二羽の鳥の写真が掲載されている（写真1）(New York Times 1929)。受賞作品は、『ネイチャー・マガジン』においても、年間ベストの一枚として取り上げられた。同誌の記事から、朝枝の受賞作のキャプションが「漣《さざなみ》のなかで」であったことがわかる（Nature Magazine 1930：106）。

　このように整理してみると一九二〇年代後半の朝枝は、アメリカのニューヨークを居住地としてクラーク・スタジオを媒介に写真家、画家としての仕事を着実にこなしていた姿が

写真1　コダック社の写真コンテストの受賞作品（1929年、撮影：朝枝利男、国立民族学博物館 X0081738）

浮かび上がってくる。博物学的な学問分野への深甚なる関心を抱きつつ、あわせて写真や絵画といった技術に深く沈潜して研鑽を重ねながら、異国において自分の足場を固めていった。

実際彼の努力は実を結んでいる。コダック社の写真展の入賞を機に、それまでに培った人脈を頼り、活動の拠点を西海岸に移している。サンフランシスコに移住した当初は、カラー写真に関する先進的スタジオであったナチュラルカラー・フォトプリント・スタジオにて技師としての仕事を得ていたという◇12（cf. Takahashi 1943：2, California Academy of Sciences 1949a）。朝枝が太平洋への探検隊に参加する直前のことであった。

†ゼーン・グレイとの旅

探検家朝枝利男が誕生したのは、一九三〇年も年の瀬を迎えた頃である。一九二〇年代のアメリカにおける大ベストセラー作家であるゼーン・グレイとともにフランス領ポリネシアのタヒチを中心とする太平洋への旅へと船出しているのだ。後年、「友人であるゼーン・グレイに写真家兼記録係として招待された」と朝枝は新聞記者相手に語っている（Takahashi 1943 : 2）。しかし実際のところ二人がどこで知りあったのか、またどこまで深い関係にあったのかなど、はっきりしたことはわからない。

ゼーン・グレイは日本語に翻訳された著作も限られており、日本国内ではさほど知られた作家ではないかもしれない。しかしアメリカにおいては、一九一五年から一九二四年の一〇年間に刊行した九冊の新刊がすべてベストセラー入りするほどの売れっ子で、西部劇というジャンル自体の興隆にも多大なる貢献をしたとして文学史上に特記される人物である（Pauly 2007 : 1-2）。ゲームフィッシング（大型魚の釣り）を趣味としており（写真2）、そうした経験にもとづく作品も生み出している。

朝枝が同伴したのは、ほかならぬこの釣りのジャンルとかかわっていた。グレイはアメリカ国内での釣りには飽き足らず、太平洋の海原に大型魚を求めて乗り出していたのであった。そうした旅行の企画のひとつに朝枝は「科学者兼カメラマン」として参加する機会を得た（San Pedro News Pilot 1931：2）。朝枝を除き、いわゆる調査や研究にかかわるスタッフはいなかったようだ（写真3）。

計画は壮大なものであった。グレイも、「この旅を陸海に及ぶ私の人生におけるあらゆる冒険のクライマックスとしたい」（Pauly 2007：290）と意気込んでいたほどであった。実際当初の計画によると、タヒチを手始めに、パプアニューギニアのポートモレスビー、オーストラリアのグレイトバリアリーフからアラフラ海を通ってインド洋のマガダスカル島に向かい、大西洋に入って世界一周するものであった（May 2000：203; Kant 2008：293-294）。

膨大な著作を残したグレイにしては意外なことに、後で触れるようにこの壮大な計画が頓挫したこともあってか、この旅行に関するまとまった記録は見当たらない。グレイの体験をもとにした映画『南の海の冒険』は一九三二年に公開されており、カリフォルニアで上映された時には日本人の朝枝が登場すると話題になった節があるが（The Japan California Daily News 1932）、このフィルムからも旅の詳細は把握しがたい。◇13 国立民族学博物館朝枝利男コレクションに残された資料を検討すると、グレイ一行は、一九三〇年一二月二四日にサンフランシスコを出港して、一九三一年七月一三日にロサンゼルスに帰港している。前半はユニオン蒸気船会社のマノワイ号でタヒチまで行き、後半の三月五日からはゼーン・グレイの所有するフィッシャーマンII号（写真4）にて航海を続けたという。訪問した国は、フランス領ポリネシアを中心にトンガ、

左：写真2　サメを釣り上げるグレイ（タヒチ島 1931 年、撮影：朝枝利男、国立民族学博物館 X0075641）／右：写真3　グレイ宅に戻る途中の朝枝利男と現地の子供（タヒチ島ヴァイラオ、1931 年、国立民族学博物館 X0075708）

写真4　フィッシャーマンⅡ号（タヒチ島ヴァイラオ、1931 年、撮影：朝枝利男、国立民族学博物館 X0075755）

フィジー、ニウエなどであった。

旅行のメンバーについても朝枝のアルバムからある程度推測できる。同乗者は、ゼーン・グレイ本人のほか、ミッチェル船長とその妻と娘、グレイの秘書であるキャンベルであった。ミッチェル船長とは、グレイのもとで七年間船長を務めたロウリー・ミッチェルであろう（Pauly 2007：9）。彼はオックスフォード大学で学位を修めたカナダ人で、グレイとはニューヨークで一九二三年に知り合って以来の友人であった。応召前ノヴァ・スコティアで漁師相手のガイドを経験しており、長年同地でのマグロ釣りを夢みていたグレイにとっては、うってつけの同行者であった（Pauly 2007：227）。キャンベルとは、この旅からグレイの秘書として雇われたベレナイス・キャンベルである。グレイの秘書のつねとして若い魅力的な女性であったという。多額の赤字を抱えていたグレイたちにとって、会計計算ができる彼女の能力は――ことにグレイの妻には――魅力的であった◇14（Pauly 2007：288）。

†グレイと博物学

ところで朝枝とグレイとの旅をこのように整理すると、人気作家の趣味に付き合っただけという印象を与えてしまうかもしれない。注意を要するのは、当時のゼーン・グレイの釣りは、ひろい意味で博物学的営為につらなっていたことである。実際に彼の釣りへの関心は海洋学にかかわるものとして博物学者の一部から捉えられていた（Beebe 1926：vii-viii）。それを裏書きするように、グレイはアメリカ自然史博物館の定期刊行物『ナチュラル・ヒストリー』に、釣りの体験と釣果に関する原稿を寄稿している（Grey 1928; 1932）。彼の釣りあげた大型魚は、標本にされたうえで一九二六年同館に寄贈されている（La Monte 1928 : 93）。これらの標本をもとに一九二八年には展示が開かれ（Pauly 2007 : 271）、一九三〇年に常設展示場に置かれていたことが確認できる（丹羽二〇二〇：六三三、六六一）。

エンターテイメントの人気作家と朝枝というと接点がわかりにくくなるが、このようなひろい博物学の研究ネットワークにおくと両者の距離はさほど遠くない。実際にこのグレイの旅においても、太平洋の島々や魚類についての写真が千枚以上撮影され、数十件に及ぶビン詰めにされた魚類の標本が採集されていた[◇15]（San Pedro News Pilot 1931 : 2）。標本作製に朝枝は一役買っていたし、彼は旅行中ではカリフォルニア科学アカデミーのエヴァーマンの依頼で魚類の水彩画を一〇〇枚以上描いていたこともわかっている[◇16]。

なお意気軒昂ではじめられた旅であったが、中途で頓挫している。グレイ自身も、「この大いなる船旅は失敗だった」（Pauly 2007 : 294）と後年回顧している。大恐慌以降の経済状況の悪化、フィッシャーマンII号の整備にかかった多額の債務（本土にいた妻は何度もグレイに帰国を促していた）、タヒチ滞在中のミッチェル船長や秘書キャンベルとの人間関係の悪化など、問題には事欠かなかったからだ。グレイはタヒチでの滞在を最後に壮大な旅の計画を断念して、帰国を余儀なくされている。朝枝の最初の太平洋探検もこうして幕を閉じた。

†クロッカー探検隊での活躍

グレイとの旅が朝枝の探検の前史であるとすれば、朝枝が本格的に探検家となったといえるのは、チャールズ・テンプルトン・クロッカーとの出会いがあったからに違いない。朝枝が生涯のなかで参加した探検のほとんどが彼を隊長するクロッカー探検隊の隊員としてであった。一八八四年生まれのクロッカーは、『幸せの地』を改作したオペラ『フェイ・エン・ファ』によってフランスのレジオンドヌール勲章を手にするなど、もともと劇作家として名をなした人物であった（写真5）。

芸術家であるクロッカーは資産家の出であった。祖父が莫大な富を生み出した鉄道会社を興した裕福で影響力のある四人の実業家――そのためビッグフォーと称された――のひとりであったからだ。裕福な一族に生まれ落ちた彼は、終生慈善活動に力を入れ、その一環として博物館への寄付を行っていた。クロッカーの面白いところはそうした間接的な支援に飽きたらず、ザカ号（写真6）を建造して、博物学・民族学的な研究（またはその補助）を目的とする太平洋の各地への探検にみずから乗り出したことである。クロッカーの主導した探検隊ははばひろく太平洋を行き来して、総計二万七一五二マイルを走破、五〇の港を訪れたという◇17（Bustos 2009）。

クロッカーが探検に乗り出した時代のアメリカは、自然史博物館が世界各地に乗り出して展示標本を積極的に収集した時代でもあった。当時自然史博物館の展示の先端を切り開いたとされるアメリカ自然史博物館は、スタッフがアフリカに直接向かい、野生動物を観察、捕獲・収

写真5　テンプルトン・クロッカー（撮影：朝枝利男、国立民族学博物館 X0075965）

写真6　ザカ号（マルケサス諸島ヌクヒバ・タイオハエ湾、1934年10月、撮影：朝枝利男、国立民族学博物館 X0077372）

集のうえ剥製にして、アメリカにアフリカの自然を展示、再現することで高い評価を得ていた。付言すれば、今日のような学術調査という枠組よりはさらにひろく私的に組織された探検隊による調査も包含した、博物学的な自然の事物の収集という営為がまだ盛んな時期であった。もちろん現在では、男性による狩猟ゲームを通じた自然の征服の象徴として、こうした学的伝統が植民地主義やジェンダーの視点から批判的に検討されることが多いのも事実であるものの（Haraway 1984; cf. 長谷 二〇〇八）、当時の学問の先端を担っていたこともまた事実である。クロッカー探検隊の活動は、太平洋地域における博物学的調査としてそうした最先端の流れのなかに位置づけられる（丹羽 二〇二〇：六五六―六五七、二〇〇二：三五八―三五九）。

ただし残念なことにクロッカー探検隊の研究はあまり進んでいない。私の研究を除くとケンブリッジ大学考古学人類学博物館が牽引したパシフィック・プレズンスというヨーロッパの太平洋関連の博物館収蔵資料に関する大規模プロジェクトのなかで同館所蔵資料の一部が分析されているのが目に付く程度である（Carreau 2018）。クロッカー探検隊の事績はあまりにひろい学問分野にまたがり、太平洋各地に出かけ、収集品は世界各地の博物館・研究機関に分散しているため、総括的な調査が難しいのであろう。まことに残念なのは、そのためクロッカー探検隊のメンバーたる朝枝の輝かしい活躍が日の目を見ないまま取り残されているのだ。本書はその不備を補うささやかな試みである。

たとえば朝枝が関与したクロッカーの探検は、大きく六つに整理できる◇18（表1）。いずれも探検隊の単独で実施されたものではなく、アメリカの博物館や研究所と連携して組織されている。そのことは表1に並べた探検名称に博物館等の名称が含まれていることからもわかる。①はカリフォルニア科学アカデミー、③と⑤はアメリカ自然史博物館、④と⑥はニューヨーク動物協会と協働して探検に乗り出している。②の探検の名称には特定の博物館等の名前は載せられていないが、残された資料から、ハワイのビショップ博物館、イギリスのケンブリッジ大学の民

表1　朝枝利男が参加したクロッカー探検隊の探検

	年	月日	探検名	訪問先
①	一九三二	三月一〇日～九月一日	カルフォルニア科学アカデミーのテンプルトン・クロッカー探検	ガラパゴス諸島を含めた中米沿岸など
②	一九三三	三月二日～九月一五日	ソロモン諸島へのテンプルトン・クロッカー探検	ソロモン諸島、パルミラ、クック諸島、サモア、フィジーなど
③	一九三四	九月一五日～翌年四月一六日	東ポリネシアへのアメリカ自然史博物館のテンプルトン・クロッカー探検	仏領ポリネシア、ピトケアン、ラパヌイ、ガラパゴス諸島など
④	一九三六	三月一六日～五月二八日	ニューヨーク動物協会のテンプルトン・クロッカー探検	カリフォルニア半島沿岸
⑤	一九三六	八月一八日～翌年一月一七日	サモアとハワイ諸島へのアメリカ自然史博物館のテンプルトン・クロッカー探検	ハワイ、キリバス、サモアなど
⑥	一九三七	一一月一日～翌年五月五日	ニューヨーク動物協会の東太平洋探検	メキシコ、エルサルバドル、ニカラグア、コスタリカ、コロンビアなど

族学者・人類学者などからの依頼があったことがわかっている。

　表の訪問先を一瞥すると太平洋全体を訪問していることがわかる。オーストラリアとニュージーランドという域内の大国や日本海側こそ足を運んでいないが、島嶼部からアメリカ大陸の太平洋岸は概ねカバーしている。またオセアニアのなかでもミクロネシアにおける渡航先は限られ、メラネシアではパプアニューギニアとヴァヌアツという二つの国に訪れていないのが目を引くが[◇19]、ポリネシアではかなりの国・地域まで走破している。朝枝利男は、これらすべてに写真家兼画家として伴走した。つまり朝枝の視点を通じて、クロッカー探検隊のすべての資料を総括的に整備・分析する糸口を作り出せるのだ。

　また探検ではないが、クロッカーの個人的な旅にも朝枝は同行していた。判明しているものとしては、一九三五年一一月六日頃に行われたメキシコ・バジャへの釣り旅行である。おそらく小旅行に同行したことは、もっとあったのではないだろうか。表1には含めていないが、巻末の年譜（朝枝利男関連年表）にはこの探検も含めておいた。

　クロッカー探検隊について事後的に振り返ってこのように整理すると、諸芸に優れ働き者であった朝枝がクロッカーに招かれるのは、当然と思われるかも知れない。しかし朝枝が参加できたのは、偶然と朝枝の側の熱心な売り込みの産物であった。クロッカー隊の最初の探険①のいわゆるガラパゴス諸島探検の立役者は魚類学者バートン・ウォーレン・エヴァーマン（カリフォルニア科学アカデミー館長）であった（Grunsky 1933：1）。朝枝は、魚類の標本や水彩画の製作を請け負っていたことから彼とは知り合いの仲であった。二人の往復書簡を読むと、この探検の話を聞きつけた朝枝の激しい売り込みにもかかわらず、ザカ号の船室がすでに満室ということで、彼の参加は一度断られていたことがわかる。

ところが朝枝の売り込みはやまなかった。どのような船室でも気にしないどころか、ほかの船員と共有でも十分で、給料に関してもほかのアーティストのように多くは望まないとまで以下で引用する書簡で述べている。そして鳥類・魚類やそのほかの動物の剥製、カラーや白黒の写真撮影の技術と経験——名前は不明ながらクロッカー家の誰かの写真撮影をしたことがあると関係をほのめかしつつ——、水彩画など多種多彩な自分の能力を並び立て、手紙だけでなく作品サンプルをあわせて送り、自分を探検隊のメンバーとするようクロッカーに頼んで欲しいと、エヴァーマンに依頼している。締めの台詞は以下だ。

> ですからクロッカーさんに直接いえば、(たとえ船長があなたの部屋がないといっていたとしても、それは客室がないという意味かもしれない)、私のための場所を見つけてくれるかもしれないです。
>
> また、もし今回うまくいかなくても、次の機会にはご連絡ください◇[20]。

朝枝の熱気に押されてエヴァーマンは船長に彼の写真と水彩画をみせた。船長の関心を引くことはかなったがやはり部屋がないということで朝枝の参加は拒絶されている。船長との交渉が不成功であったというエヴァーマンの手紙に対して、朝枝はお礼の返信のかたちで、また探検隊派遣の話があれば連絡して欲しいとしたためている。一九三二年二月八日のことであった。◇[21]

運は朝枝に味方したのか、あるいは朝枝の執念が勝利したのか、その後事態は逆転する。拒絶にも心をくじかれることのなかった朝枝は、クロッカーに直接自分を売り込む手紙を送る策に出た。果たして作戦は奏功した。朝枝のクロッカーへの直談判によって、最後の段階で探検隊メンバーに加わることがかなった。先の手紙が二月八日付で、クロッカー探検隊がサンフランシスコを出発したのが三月一〇日であることを考えると、いかに朝枝の参加が土壇場で決まったかわかる。

ところで当初から懸念されていた部屋の問題はどう解決されたのだろうか。結局のところザカ号のなかに彼の個室はなく、彼は、テーブルの下を寝所代わりに使ったのであった（Crocker n.d. : 13-14)。朝枝の日記を読み進めていた当初、彼専用の部屋がないことに私は差別的なものを感じ取っていた。あにはからんや、朝枝側の懸命な売り込みを受けて、クロッカーが示した苦肉の策であったわけだ。

二人の出会いのきっかけはともあれ、朝枝の仕事ぶりをクロッカーはたいそう気に入ったに違いない。第二次世界大戦のためクロッカー自身が探検を取りやめるまで合計六回のクロッカー探検隊のすべてに朝枝はメンバーとして遇されている。彼はクロッカーの期待を裏切ることなく、写真・動画の撮影から水彩画、剥製や標本の製作と整理に至るまで八面六臂の活躍ぶりであった。

　クロッカー探検隊の全体とそこでの朝枝利男の活躍を語るには、とても本一冊では足りない。本書では、中心的な業績であるガラパゴス諸島への探検について第二章と第三章にて、それ以外の太平洋地域については第四章で読者の興味を引くと思われる場所にスポットライトをあてることにしたい。

◇註

1　一九四七年一二月一七日付の朝枝利男によるロバート・ミラー宛ての書簡及び履歴書を参照。カリフォルニア科学アカデミー所蔵 CAS026。

2　一九三二年一月二五日朝枝利男からクロッカー宛ての書簡を参照。カリフォルニア科学アカデミー所蔵 Crocker C. T. Oversize #27。

3　麻布中学校以外の学校において兼任していたことを確認しているが、本書では煩瑣になるため割愛する。

4　Toshio Asaeda (1893-1968), "In Tokio (Oil paint on bromide canvas)", " California Academy of Sciences, accessed November 3, 2023, https://calacademy.omeka.net/items/show/465.

5　なお山内とスタールは、いずれも『郷土趣味』における特別会員でもあった（川村二〇一七：四三―四六）。

6　一九三二年一月二五日付の朝枝利男によるクロッカー宛ての書簡を参照。カリフォルニア科学アカデミー所蔵 Crocker C. T. Oversize #27。及び、一九四七年一二月一七日付の朝枝利男によるロバート・ミラー宛ての書簡及び履歴書を参照。カリフォルニア科学アカデミー所蔵 CAS026。

7　一九四七年一二月一七日付の朝枝利男によるロバート・ミラー宛ての書簡及び履歴書を参照。カリフォルニア科学アカデミー所蔵 CAS026。

8　一九三二年一月二五日朝枝利男からクロッカー宛ての書簡を参照。カリフォルニア科学アカデミー所蔵 Crocker C. T. Oversize #27。及び、一九四七年一二月一七日付の朝枝利男によるロバート・ミラー宛ての書簡及び履歴書を参照。カリフォルニア科学アカデミー所蔵 CAS026。

9　一九四七年一二月一七日付の朝枝利男によるロバート・ミラー宛ての書簡及び履歴書を参照。カリフォルニア科学アカデミー所蔵 CAS026。

10　一九四七年一二月一七日付の朝枝利男によるロバート・ミラー宛ての書簡及び履歴書を参照。カリフォルニア科学アカデミー所蔵 CAS026。

11　Toshio Asaeda (1893-1968), "Cotonmouth jack (Uraspis secunda) #1," California Academy of Sciences, accessed January 7, 2024, https://calacademy.omeka.net/items/show/385.

12　一九三二年一月二五日朝枝利男からクロッカー宛ての書簡を参照。カリフォルニア科学アカデミー所蔵 Crocker C. T. Oversize #27。及び、一九四七年一二月一七日付の朝枝利男によるロバート・ミラー宛ての書簡及び履歴書を参照。カリフォルニア科学アカデミー所蔵 CAS026。

13　筆者が確認したのは、一九五三年に再発行された版であるため、内容に違いがある可能性はある。

14　このグレイの旅についてもうひとつ付言すると、旅の途中の一九三一年二月二八日には、グレイの娘ベティとその夫が加わっている。結婚式を挙げたばかりであった彼女たち夫婦は、新婚旅行としてフィッシャーマンII号の船旅に参加したのだ（Kant 2008: 303）。

15　これらの標本は現在カリフォルニア科学アカデミーにて保管されている。グレイの旅の際の写真は国立民族学博物館に所蔵されているが、旅での見聞を題材にした写真がほとんどで魚類の写真は限られている。

16　カリフォルニア科学アカデミーに残された朝枝とエヴァーマンの往復書簡による。ただしこれらの水彩画の所在は一部市場に流れたもの以外、現在不明である。

17　探検に先立って、クロッカーは一九三〇年の六月一〇日から一九三一年五月二七日にかけてザカ号で世界旅行に乗り出していた。この旅をもとに『ザカ号の航海』という著作を刊行している（Crocker 1933a）。朝枝利男は同行していないため、本書ではその詳細は割愛する。

18　この表は別の拙稿（丹羽二〇二〇）での分析にもとづいて作成している。

19　ただしクロッカー自身は、探検に先だって敢行された世界旅においてどちらにも訪問している。本章注17を参照のこと。また朝枝にはミクロネシアを訪問する可能性があった。「ク氏［クロッカー氏］ニPonape［ポンペイ］ヤYap［ヤップ］ノPelu［sic. Peleliu：ペリリュー］ノ話ヲシタラ行キ度イト言テ居タカラ次ノ旅行ニハ実現スルカモ知レナイガ　サウナルト自分ハ太平洋ヲ全部見尽スコトトナル訳ダ」とある（朝枝利男日記一九三四年九月一八日）。残念ながらこの計画が実現することはなかった。

20　一九三二年一月二三日付の朝枝利男からエヴァーマン宛ての書簡を参照。カリフォルニア科学アカデミー所蔵。

21　一九三二年二月五日付のエヴァーマンから朝枝利男宛ての書簡及び、同年二月八日付のエヴァーマンから朝枝利男宛ての書簡を参照。カリフォルニア科学アカデミー所蔵。

第二章　ガラパゴス諸島探検記

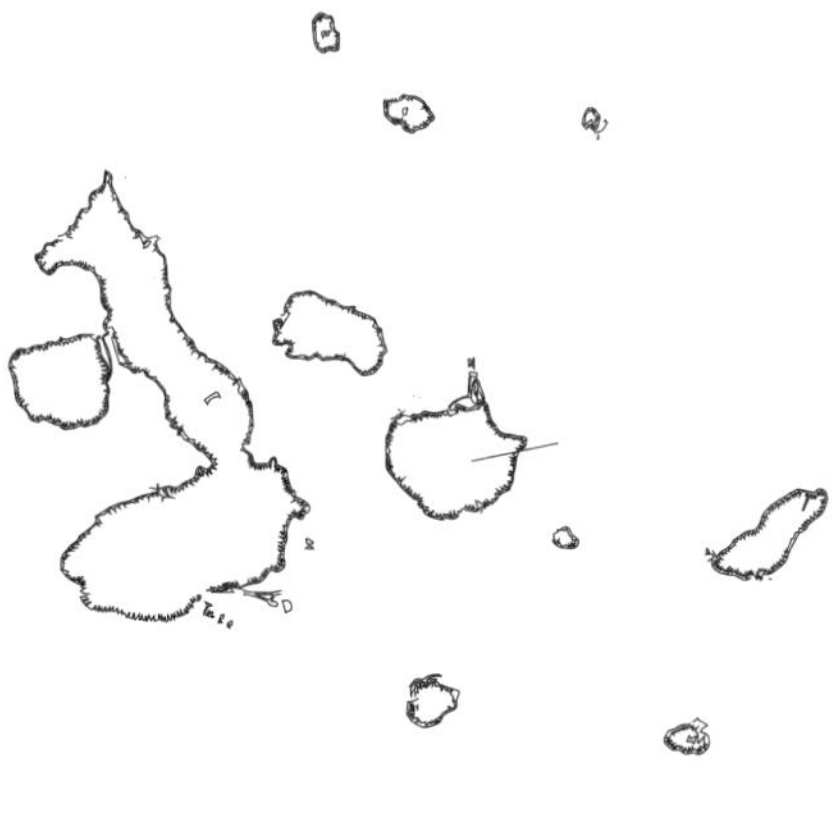

一　ガラパゴスへの訪問

†朝枝が参加した探検隊

第一章では、朝枝の生涯についてクロッカーと出会い本格的な探検家となるまでを素描した。本章では朝枝の人生の画期となった、ガラパゴス探険に焦点をあてたい。ガラパゴス諸島とは、赤道直下につらなる太平洋の島々である。いまでは南米エクアドルの一部となっている。比較的大きな一三の島と六の小さな島を中心に構成されるガラパゴス諸島の最大の島はイサベラ島で、五つの火山がつらなってできた島である。二番目に大きなサンタクルス島には、本書で度々登場するカリフォルニア科学アカデミーにちなんで命名されたアカデミー湾や探検隊の隊長テンプルトン・クロッカーの名前をつけられたクロッカー山がある。南の方にある島がフロレアナ島で、いまでは無人の郵便局があることで知られている。クロッカー隊は後出する地図1の探検経路をみるとわかるようにガラパゴスの各島をひろく訪問しているが、さしあたり本書でよく出てくる地名として右記のものをあげておきたい。

またその名がひろく知られるようになったきっかけは、一九世紀の生物学者で進化論の提唱者チャールズ・ダーウィン（1809-1882）に紹介されたからである。以降、島の独特で多様性に富む生態もあって、世界中の生物学者や動植物愛好家を魅了する聖地のひとつと目されている。赤道直下に位置しながら寒い地域の生物のイメージがあるペンギン、アシカやアザラシがいること、同時に乾燥地の植物の代表であるサボテンが生えていること、はたまたそもそも島名ガラパゴスの語源となったゾウガメからイグアナ、フィンチ、翼が退化して飛べなくなったコバネウなど特徴的な固有種の存在など（伊藤 一九八三：四―九）、不思議な生き物のありようは、いまでも人びとの関心の的になっている。

学術的な関心も高い。ダーウィンのガラパゴス諸島の報告が出てから、一八七三年のハーバード大学による最初の学術探検隊を含めて一九世紀後半だけで七つの探検隊が派遣されている。二〇世紀に入るとそのペースは加速し、主な例をあげるだけで、一九〇五年から六年のカリフォルニア科学アカデミーの調査隊、一九二三年の博物学者ウィリアム・ビーブが参加したハリソン・ウィリアムズ隊、一九三一年から三五年まで断続的に訪問したアラン・ハンコック隊、一九三二年のカリフォルニア科学アカデミーの第二回探検隊などなど幾多の探検家が押し寄せていた（伊藤 一九八三：三八―三九）。

このように整理してみると朝枝の参加したクロッカー探検隊の世界の学術探検史における重要性が際立ってくる。右記の例のなかでは、カリフォルニア科学アカデミーの名前が二回出てくるが、この博物館は朝枝が参加したテンプルトン・クロッカー探検隊との関係が深い。カリフォルニア科学アカデミーとクロッカーはどちらもサンフランシスコを拠点としており、慈善家であったクロッカーは同館に多額の寄付を行っていた。何より後述するように、カリフォルニア科学アカデミーの二回目のガラパゴス諸島探検は、クロッカーの援助を得て行われたものであった。

本書の主人公である朝枝利男は、二〇世紀最初に探検隊を派遣したカリフォルニア科学アカデミーによる二回目の探検に加わり、ガラパゴス諸島に足を踏み入れていることになるのだ。カリフォルニア科学アカデミーではガラパゴス諸島関連の標本の規模では世界最大級の博物館にあたる。一九〇六年の探検隊では七万点の生物標本を集め、その収集点数は、あらゆる探検隊のなかで最大を誇るものである。朝枝が参加した第二回の探検では、カリフォルニア科学アカデミーのスタインハート水族館のためシロアリ、アリ、軟体動物を含む三〇〇〇件以上の生きた標本の収集を行っていた[◇1]。

先のガラパゴス諸島に訪問した探検隊のリストは、朝枝が当時の先端的な博物学界隈の近傍にいたことを示している。二〇世紀二つ目のガラパゴス探検隊にいたウィリアム・ビーブと朝枝は、一九三〇年代に二回ほど探検をともに行っている。朝枝はガラパゴス探検の先輩としてビーブの著作を読んでいた。また、ビーブの方は、ともに探検を行うなかで朝枝のことを非常に高く評価するようになっていった。ビーブの発言を紹介しよう。

私たちの特別な魔法は朝枝利男だった。彼は何でもできたし、ラボの片隅にある文字通り隙間というか割れ目のような場所で、絶え間なくそれをやってのけた。彼はそこで睡眠をとっていると思われていたが、三年のあいだ彼が目を閉じているのを見た者はいない。彼はアホウドリからハチドリまで鳥の皮を剥ぎ、ワニを解剖し、昆虫を標本にし、何千もの軟体動物を洗浄し、写真を撮影・現像・拡大した。ほとんど食べなかった。そして、そのすべてが、通常墓地一人分の広さで行われたのである[◇2]（Beebe 1942：212-213）。

クロッカー探検隊によるガラパゴス探検の成果の全貌は、今後の研究があきらかにしていくことと思われる。それでは朝枝はどうだろうか。朝枝のガラパゴス探検は日本人のガラパゴス関係史としての意義はもとより、朝枝個人にとっても重要な意味があったことは言を俟たない。日本最初のガラパゴス探検隊は、『種の起源』の刊行一〇〇周年を記念して一九五九年に派遣されている（伊藤 一九八三：三九）。朝枝のガラパゴス諸島訪問は、それに二七年先駆けていることになる。朝枝は東京高等師範学校で博物学と地学を修め、学問を究めるためにアメリカ留学を視野に入れた向学心溢れる青年であった。在学中の恩師の一人である山内繁雄は生物学者であったし、当時の最先端の生物学的知識を享受できる環境で研鑽を積んでいた朝枝が、ガラパゴスにも進化論にも関心がなかったとは到底思えない。

実際のところ、朝枝はガラパゴスへ二度訪問する機会に恵まれている。最初は、カリフォルニア科学アカデミーと連携したクロッカー探検隊のメンバーとして、一九三二年の調査に参加した際であった。朝枝にとっては初回であるが、カリフォルニア科学アカデミーにとって前述したとおり二回目のガラパゴス探検にあたる。この時は三月一〇日にサンフランシスコを出港し、ガラパゴス諸島の島々をめぐった後に、中南米の太平洋岸沿いに周遊して、九月一日に帰国している。ガラパゴスにおける滞在期間は、四月一五日から六月一七日までのおよそ二ヶ月間に及んだ（地図1、地図2）。

二回目がアメリカ自然史博物館との連携によるクロッカー隊の調査に際してであった。一九三四年九月一五日から翌年の四月一六日にかけて探検は行われたが、朝枝の日記によると、ガラパゴスでの滞在は一九三五年の三月に実現している。この二回目の訪問は、フランス領ポリネシア、ピトケアン諸島、ラパヌイ（イースター島）などのポリネシア地域における調査に主眼が置かれており、それらの島々への訪問のあいまにガラパゴス諸島へ向かっている。したがってガラパゴスへは、初回と異なり比較的短期間の滞在となったわけである。

朝枝にとってもっとも強い印象を残したのは、間違いなく初回のガラパゴス諸島への訪問と滞在である。朝枝が残した記事やメモなどの資料をみても、一九三二年の滞在の方が格段に興味深いエピソードを拾っている。本章ではそうした初回の滞在に注目しながら、風変わりなドイツ人パートナーとの出会い、クロッカー山頂への初登頂、ガラパゴス諸島の岸壁への記念を刻み込むという、三つのトピックの順に焦点をあてていきたい。

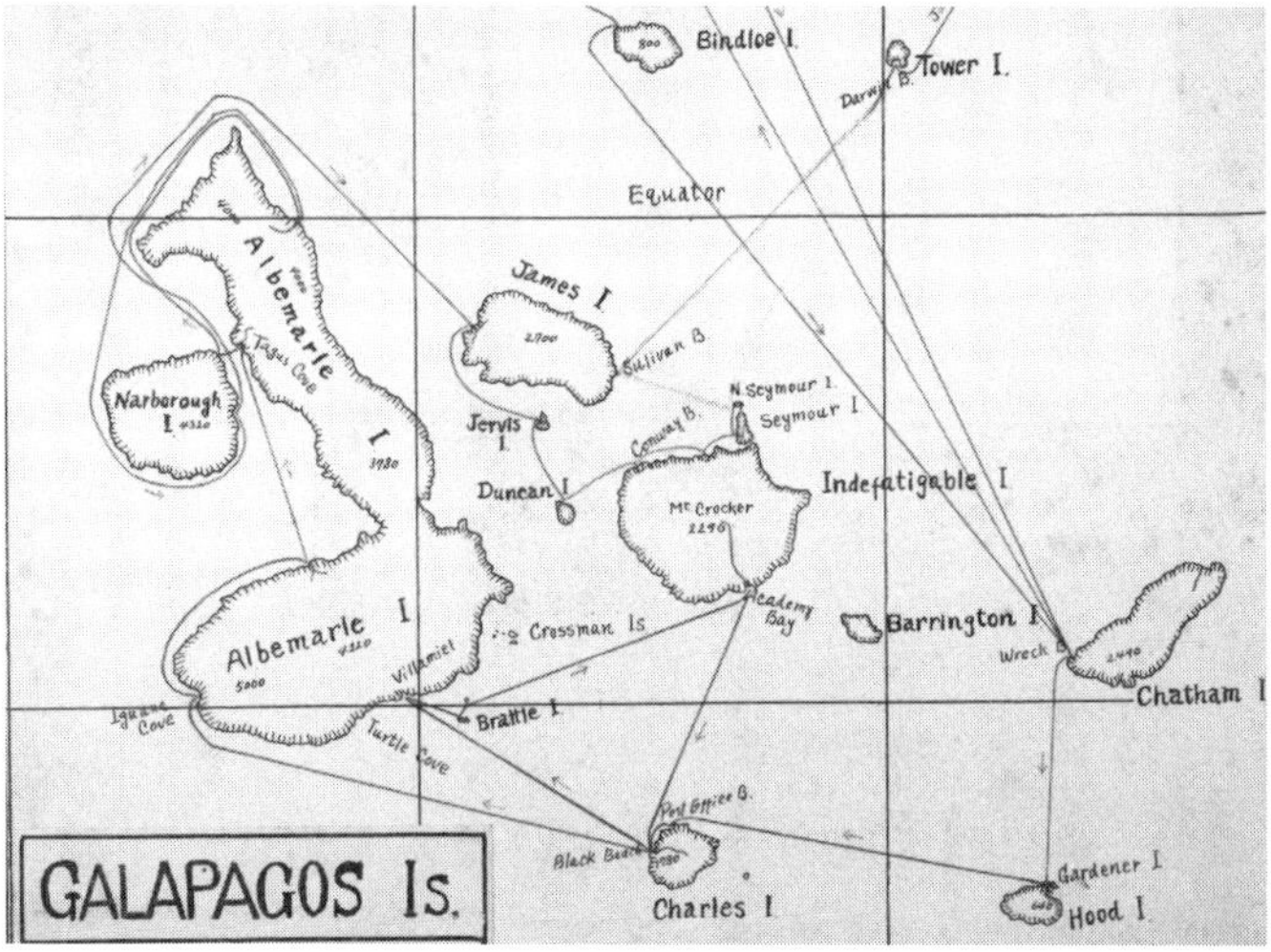

地図1　クロッカー隊のガラパゴス諸島の探検経路（製作：朝枝利男、国立民族学博物館 X0076014）

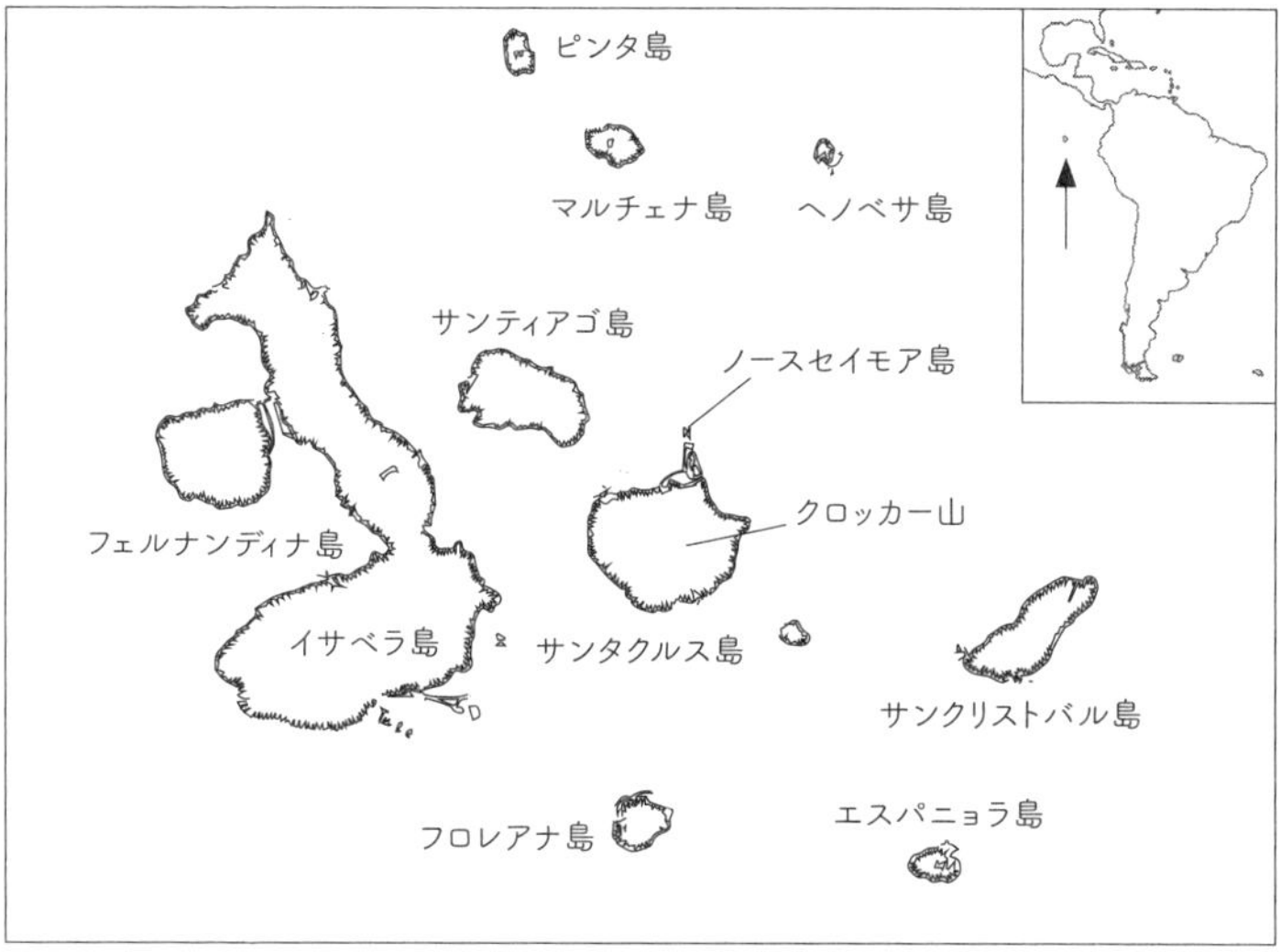

地図2　ガラパゴス諸島の地図（地図１をもとに筆者が作製）

二　風変わりなドイツ人男女との出会い

†文明から離れた生活を求めて

最初に風変わりなドイツ人の男女のパートナーとの出会いを取り上げたい。朝枝利男はガラパゴス訪問時フロレアナ島――当時はチャールズ島とも呼ばれていた（トレハン一九九一：二三八）――で奇妙な外国人と出会っている。フリードリッヒ・リターとドール・シュトラウヒというドイツ人のパートナーである。リターは、もともとベルリン大学の水治療法研究所で職を得ていた医師であった。彼の妻はオペラ歌手であった。家庭生活に入りたい妻、歌手としてのキャリアを積んで欲しいリター医師と二人の思い描く将来設計に齟齬が生まれたことから夫婦生活は、破綻を来した。そうした時、リター医師のもとに患者として訪れたのが、後にともにガラパゴスに出奔するドールであった（トレハン一九九一：一八―二〇）。

ドールはドールで家庭生活に問題を抱えていた。彼女の多発性硬化症は、治療不可能な歩行の障害をもたらしただけではなく、夫とのあいだに子供をもうけ家庭の主婦となるという彼女にありえた古風ともいえる人生の選択肢を奪うことになった。果たして、彼女の夫婦生活も終わりを迎えることとなる（トレハン一九九一：一八―二〇）。彼らは、ガラパゴスに出立するまでの二年間を愛人同士として過ごしている（トレハン一九九一：二三）。ドールとリターの関係をパートナーと表記した理由もここにある。

風変わりなのは彼らの関係性だけではなく、彼らの抱いていた哲学もだ。リターは、「『孤独という偉大な理想』を実現するために未開の地へ旅立つという奇妙な夢」を抱いていたという（トレハン一九九一：二一―二二）。一方で空想的なところのあるドールは、一九一八年のドイツ革命の熱烈な支持者で「自由奔放な思想にかぶれ」、フリードリッヒ・ニーチェを愛読していた。お互い破綻した家庭状況にあった二人が診療を通じて出会いを重ねるなかで、ニーチェの思想についても語りあえるリター医師にドリーはたちまち魅了され、彼の信者となっていったという（トレハン一九九一：二〇）。こうして「未開の地」への旅立ちの意志は、徐々に固められていった。

渡航先として最終的にガラパゴス諸島に白羽の矢が立てられたのは、リターが、ウィリアム・ビーブの『ガラパゴス――世界の果て』を読んだためであるという（トレハン一九九一：三六）。ビーブは探検家・博物学者で、潜水球を使った水中での観察で名をなしていた。一般向けの探検記や論文を数多くものしていたビーブは、一九二三年のガラパゴス探検をもとに当該書籍を刊行していた。この本は世界的なベストセラーとなり、ビーブの文名を高めた。そして遥か遠くドイツにいたリターの目にもとまったわけである。ちなみに偶然であるが本書の主人公である朝枝利男は一九三六年と一九三七年の二回にわたり当時ニューヨーク動物協会に所属していたビーブとザカ号に乗船しながら探検に出ている。ビーブは朝枝の多芸多才で勤勉な様子に強く印象づけられていたことは先に引用した。

少々話題が脇道にそれたので、奇妙なドイツ人の二人組に話を戻そう。リターとドールが、ガラパゴス諸島のフロレアナ島に上陸したのは一九二九年九月初旬のことで、その時から、彼らの文明から離れた生活がはじまったことになる（トレハン一九九一：四七―四八）。フロレアナ島のなかでも生活の場所として選ばれたのは、「島の中央の大きな山の東側にある海抜一五〇メートルほどの死火山の火口」であった。そこには溜池があり、熱帯植物が繁茂していた。また清水の湧き水と美しい景観を備えた場所であったという。二人は、その場所を彼らの名前にちなんで「フリード」と名付けた（トレハン一九九一：五〇―五二）。一九三一年になると、二人はその記念すべき土地で新しい家を建てている（トレハン一九九一：七八―七九）（写真7）。

朝枝が奇妙なドイツ人夫妻とはじめて会ったのは、一九三二年四月二六日のことだ。クロッカー探検の人たちが、彼らを船まで招待したためである。クロッカー隊のメンバーは、この風変わりな生活を送る夫婦の存在に関心を抱いており、前日の四月二五日すでに彼らの寓居を訪問していた。日中は船内で休息していた朝枝は、帰船した仲間から彼らの独特な生活について耳にしていた。よほど印象に残ったのだろう、比較的詳細なメモを日記に残している。

岸カラ2 1/2 miles［マイル］行ツタ所デ海カラ見エル volcanic cave［火山洞窟］ノ方

写真7　住まいで撮影されたリター（左）とドール（フロレアナ島、1932年5月18日、撮影：朝枝利男、国立民族学博物館 X0076121）

ニアルspring［噴水］ニ面シ全ク裸体デ夫妻シテ暮シテ居ルトイフ。Garden［庭］ノ名ヲEine Garten Symphonie［アイネ・ガルテン・シンフォニー］ト称シ卵形ノ広場ニ実済ニspring［噴水］ガアリ中ヲSquare［矩形］ニシテBanana［バナナ］ヤpotatoe［sic, potato：ジャガイモ］、taro［タロイモ］其他ノvegetable［野菜］ヲ作リテvegetarian［菜食主義者］トシテ朝ハpapaia［パパイヤ］昼ハBanana［バナナ］夜ハ卵ヲ食シテ居ルトイフ。但し文明ノSquare［矩形］式ヲ裸体ノ原始的ナ生活ニ当テハメタリvegetable［野菜］ヲ作ラネバ生キラレヌ様デハ面白クナイ。三年斗《ばか》リニナルガ将来ノコトハ如何ニナルカ面白イ問題ダラウ（朝枝利男日記四月二五日）。

日記で言及されているように、「原始的な」生活は、裸体で行われているという噂は海外でもひろく喧伝されていた。朝枝も耳に挟んでいたはずだ。

ところが実際に面会した印象は、さほどぱっとしなかったようだ。「痩セタ老人ト三十位ノ痩セタ夫人トハ幾分英語モ語ルノデ皆ト珍ラシ相ニ船上ヲ覗イタリ食ベタリシテ居タ」というものだった。

後述するクロッカー山への初登頂を終えた五月一五日に、朝枝は彼らの居住地を通過している。しかし実際に朝枝が住処《すみか》に足を踏みいれたのは、その三日後の五月一八日のことであった。短い滞在時間であったが、ブラックロック・ビーチから徒歩四五分程度はなれた住処まで足を運んでいる。そして家屋や彼が自作したという車輪（写真8）及び周辺の様子やドイツ人パートナーとのやりとりの記録を残している。出会いからして恐る恐るという雰囲気からはじまる。

小サナ小舎デ screen［仕切り］中ニハ寝ル場所ガアリ入ル前ニ怒鳴ツタノデ二人共白衣ヲ着ケテ居タ。老人ハ痩セテ栄養不良デ且色ガ悪ク而カモ労働ヲシ過ギル故カ老人ニ見エル。小サナ男デ Dr［医者］ト Dentist［歯科医］トヲスルノダ相ダ。パパイヤヤバナナノ木ガ育ツ家ノ前ノ四本ノ大木デ暗イ位。泉水ハ余リ大ナモノデモナイガ飲ムノト蚊ノ養成所トシテハ充分デアル。レモネードガ甘クバナナモ甘カツタ。氏発明ノ wood［木材］

写真８　自作の車輪をみせるリター（右）とドール（フロレアナ島、1932 年 5 月 18 日、撮影：朝枝利男、国立民族学博物館 X0076123）

ノ輪ハ写真ハトツタガダブル exposure［露出］ノ感ガアル（朝枝利男日記五月一八日）

パパイヤからバナナでの家庭菜園の様子や、生活に必要不可欠な水の入手方法など要点を押さえた観察と記述になっている。疲弊して血色の悪い彼らの容貌への突き放した観察がある一方で、レモネードやバナナを愉しんだ旨の言及には、受けたもてなしへの感謝だけでなく厳しい環境のなかでの生活にもかかわらず、客への対応までこなす水準で活計を維持していることへのささやかな賞賛が透けてみえる。写真7には、果物がテーブルにのっていることも確認できよう。

読者は、朝枝一行がいきなり怒鳴っていることに奇異な感をもつかも知れない。一見無礼にもみえるこうした行動をとったのには、理由がある。「細い路を登って行くと路は突然この男の家の入口に突当るが決して無言で中へ入ってはならない。ただ入口の外で大声で叫んで来訪の旨を通じ二人が白衣をつけて出てくる迄暫く待てばいいのである」（朝枝一九三二c：一〇）。何のことはない、彼らの裸体でのライフスタイルに配慮したクロッカー一行なりのエチケットであったわけである。

ところでこの奇妙なドイツ人パートナーによる文明から離れた生活は、ドイツ本国を中心にひろく知られるところとなり異国の客が押し寄せるようになった。クロッカー探検隊の直前にも、一九三二年に、アメリカのロサンゼルスの富豪アラン・ハンコックによる探検隊が訪問している。ハンコックは、その後、以下で触れる「ガラパゴスの怪奇な事件」の登場人物が出演するサイレント・フィルムの撮影を行い、世界に喧伝し今に伝えることに一役買っている（Meares 2020）。

†ガラパゴスの怪奇な事件

さらに皮肉なことに、このドイツ人のパートナーは、俗世間から離れたガラパゴスにおいて殺人、失踪という文字通り世俗的な諍いに巻き込まれていくことになる。実際、いまなおこの奇妙な二人組について耳にしたことのある人は、奇怪な未解決事件の登場人物としてであろう。まずは、事件に関与するほかの登場人物から紹介したい。リターとドールの来島後、文明から孤絶したフロレアナ島に陸続と人びとが集まりだしたのだ。ウィットマー一家がフロレアナ島に上陸したのは、一九三二年八月下旬。同年末には、バロネス・ワグナー・ボスケの一行が来島することで、事件の舞台に登場人物がそろうことになる。ボスケは自称男爵の爵位を持つ女性で、愛人の男性二人と豪華ホテルを建造するために来たとされる。ともあれ彼らの登場によって、小さな島社会の人間関係は急速に悪化していく（トレハン一九九一：九二－九三、一一四；Meares 2020）。

本書では、直接関係しないので複雑怪奇な事件の詳細について紙幅を割くことはしないが、結末を述べると、ボスケと愛人一名は失踪。その後の行方も生死も不明である。ボスケのもう一人の愛人は二人の失踪後しばらくしてフロレアナ島から離れるも、別の島でミイラになった死体として発見されている。朝枝が出会った奇妙なドイツ人の夫妻も平穏では済まなかった。リターは一九三四年一一月一一日に食中毒で死去（他殺の可能性も示唆されている）（トレハン一九九一：二六五、三一一－三一七）、ドールは同年一二月七日にはフロレアナから離島することになる（トレハン一九九一：二七八）。結局、フロレアナ島には、ウィットマー一家以外誰もいなくなったわけだ。

朝枝はそうした陰惨な事件の起きる直前にドイツ人のパートナーたちと出会った数少ない、おそらく唯一の日本人であったはずだ。こうした文脈において朝枝の写真をみると、また別の感慨も浮かんでこよう。リターとドールの二人の姿は、海外での報道にされられることによってポーズを撮ることになれていた可能性があること。実際、ネット上には似たような構図でとられた彼らの写真が数多くみつかる。しかしその一方で、未解決事件にまで発展する人間関係の致命的な悪化にはまだ至らない時期に太平洋の小島で過ごす、比較的リラックスしていた姿を活写しているのかもしれないのだ。

リターの側は、朝枝一行にどのような印象をもったのだろうか。朝枝の記録からみて取れる限りでは、東洋からの珍客に持ち前の哲学的・思想的関心から興味をもったようだ。面会した際に、儒教の本を持ち出しながら中国の文学や功士について朝枝と片言の英語で言葉を交わしたという。ところが朝枝はこうした思想に関心がなく、双方にとって充実した意見交換とはならなかったようだ（朝枝 一九三二c：一〇；一九三三a：三二〇、朝枝利男日記五月一八日）。

すでに触れたように朝枝は、一九三五年にガラパゴス諸島を再訪している。しかるに旅程には奇妙なパートナーが生活していたフロレアナ島は含まれていない。当該時期の朝枝の日記にも、彼らへの言及は見当たらない。この時点では、リターはすでに死に、ドールはガラパゴスを去りドイツに帰国していた。朝枝自身は彼らが巻き込まれた奇怪な事件について耳にすることはあったのだろうか。そうでなくとも風変わりな生活を送っていた彼らのその後に思いを馳せることはあったのだろうか。いずれにせよ、二回目のガラパゴス諸島訪問時はもとより、探検から足を洗った後半生においても、彼らのことを回顧するような文章を朝枝は残していない。まさに一期一会。いくつかの偶然が重なった奇跡的なすれ違いであったといえよう。

三　人類未踏のクロッカー山の頂を制覇

†クロッカー隊の成果

クロッカー探検隊の最初のガラパゴス訪問において掛け値なしの成果として、いまでも取り上げられることがある事績は、クロッカー山の登頂である。探険後クロッカー隊長自身の手によって書かれた報告書でも、植物、昆虫、魚類、爬虫類、古生物、鳥類などさまざまな動植物の標本類の収集が成果として並べ上げられているのに加えて、特別に言及されている。

遠征の成果の一つとして、ガラパゴス諸島のインデファティガブル島［現サンタクルス島］の山の霧帯または湿潤地帯の探査が行われ、一九三二年五月九日にその頂上に到達したことが特筆される。我々の隊がこの初登頂をなしたのであった（Crocker 1933b：6）。

実は朝枝にとっても彼としては珍しく自己の業績を誇るような文言を残している。「日本人としてガラパゴス火山山頂を究めたものは他に無い事であるので、ここに付記して置いた」（朝枝一九三二c：一〇）というのである。

初登頂がクロッカー隊の公的事績として何より認められている証拠は、この登頂の結果、このサンタクルス島の山がクロッカー山と名付けられ、いまでもその名称が使われていることにあらわれている。説明するまでもなく、クロッカーとは彼ら探検隊の隊長の名前である◇3。

このようにみてみると朝枝自作の地図である地図1において、現在サンタクルスと呼ばれるインデファティガブル島のクロッカー山の標高とそこに至るルートがわざわざ記載されているのは理由がないわけではないことがはっきりする。自分を含めたクロッカー隊の足跡を記録して残したかったのだろう。しかし実際のところクロッカーたちがどのように登頂したのか、その過程が報告されることはなかった。ここでは朝枝の日記を中心として、クロッカーの旅行記を適宜参照にして（Crocker n.d.）、再構成してみたい。

†頂に至る道

クロッカー隊がクロッカー山のあるサンタクルス島に到着したのは、一九三二年五月一日のことであった。同島アカデミー湾の溶岩の上にサボテンが生い茂っている様をみて、朝枝は「現実の野生の夢の国」という感想を漏らしている（朝枝利男アルバム五月二日）。このサンタクルス島の火山への登頂計画を朝枝が耳にしたのは、五月二日のことであった。

前人未踏の山の頂に到達するまでにかかる手順を思い描き、朝枝はこの島での滞在が長期化することをはやくも懸念していた。何しろ道を切り開く作業からはじまるのだ。この予想は現実のものとなる。五月四日には、はやくもクロッカーは人を雇って、登山への事前準備をはじめていた。嵐のような日でも休むことはなく、朝枝は、天候に恵まれないなか行路を切り開く作業にかり出されるメンバーに同情している（朝枝利男日記五月五日）。

登頂に踏み出したのは、サンタクルスへの来島後およそ一週間がたった五月七日の午後のことであった。同僚の動物学者スワースと植物学者ハウエルが先発している。朝枝の気持ちも高ぶっていたに違いない。ただし日記に記載されているコメントは、「愈々trail［道］モ切開カレタノデ頂上マデ登レルノダガ金ノ力デ前人未踏ノ山頂ニ登レルノハ愉快ナコトデアル」とやや斜に構えている。登山が趣味だという朝枝にとって、クロッカーの登頂へ向けた準備作業は、記録のために金の力にまかせたものとみえなくもなかったのだ。

朝枝は先発隊に遅れて、翌日の一一時半近くに出発している。当日の五月八日は暑い日であった。カメラマンの朝枝は撮影器具の荷造りなど朝方から準備に忙殺されていた。それだけでなく、これから足を踏み入れる山の姿をスケッチしていたという◇4。同行したメンバーは、隊長クロッカー、船長ロッチ、医者ラーセン、船員のジャックであった。それ以外に「土人ノキヤリーヤ［人夫］ト一ミユール［ラバ］Mr. Finson［sic, Finsen］トイフ白人ノ老人ガ案内スル筈」とのこと。「土人」の運び役とはおそらくエクアドルかガラパゴスの出身者か関係者と思われるが、残念ながら詳細は不明である。文中のフィンセン（Finsen）とは、ウォルター・フィンセンのことであると思われる。彼は一九三一年にガラパゴスに移住したアイスランド人で、同年にフロレアナ島に到着したデンマーク人とともにエル・ランチョという農園を開いていた(Lundh 1999/2001 : 100)。

道中は、さっそく「lava［溶岩］ガガサガサスル。Cuctus［サボテン］ガ多ク細イ道ハナカナカ暑クテ歩行ガ苦シイ」と前途多難であった。それだけでなく荷を積んだラバが動いてくれないので、別のラバを準備しなければならなかった。さらにはラバの不在の間、朝枝が荷物を担いでいたという。森のなかにはいっても道は悪く、草に覆われたなかでの歩行は楽でなかった。

ただしそうしたなかでも『徒歩者の為めの趣味の登山』を著した朝枝のことだ。道行きを愉しんでいたようだ。森が深くなるに連れてサボテンからシダへ植生が変化していることを鋭く観察し、鳥の声を興味深く耳にしている。実際、道中で観察した小鳥の写真を数多く撮影していることがわかっている（写真9）。ガラパゴス諸島の鳥たちは、鳥が非常におとなしくほとんど手で捕まえることができると同行する動物学者から耳にしたようで、そのことをアルバムにメモしている（動物が人間を恐れない生態については、第三章にて触れる）。また、夕方に滞在した小屋の脇にいた人慣れした鷹に目をとめている。

しばらくしてから先発した動物学者とも合流している。動物学者は、一九二七年よりサンタクルス島の高地の土地を所有していたノルウェー人[◇5]家族の近隣のバナナ畑に出かけていた(Lundh 1998 : 35)。登山隊の一行は午後三時頃、この小高い場所にあるバナナ畑に到着した。

写真９　登山中に撮影した鳥（サンタクルス島、1932年５月８日、撮影：朝枝利男、国立民族学博物館 X0076073）

この日はここに建てられていた小屋に寝泊まりしている。夕方の雨を避けながら、一行はバナナを味わい、夜には海の上を動き回る燈火の正体について話し合っていたという。

翌五月九日が登頂の日となった。日も昇らぬ暗い内から動き出し、朝食もとらずに出発した。天気は曇りで、時折雨がポツポツするなかを水の流れていない川底にそって行軍を続けた。時にはロープを使用して切り立った崖を登っていった。そうしたなか、朝枝は「紫紅色ノシヤクナゲニ似タ灌木」のあいだをぬいつつ、カメラ箱を背負っての登山となった。昼前頃爆裂火口の左側にある最初のベースキャンプに着いて、昼食。その後、外輪山を越した対岸下の第二ベースキャンプに行く。そしていよいよ登頂である。せっかくなので多少長くなるが朝枝自身の筆を引用しよう。

Coffee〔コーヒー〕ノ後ニ頂ノ山ニ登ツタガ午後二時過漸ク晴レテ海岸ガ見エ出ス。写真ヲトツテ居ル間ニ一行ハ前方ノ峯ニ登ツタノデ自分モ後カラ登ルト一面ニ四方ガ見エル。全部写真ニウツシテ後標示ハ2060 feet〔フィート〕ヲ示ス相ナノデchart〔地図〕ヨリハ大部高イコトニナル。火山ノ外輪山ノ一角デ其他ニ小サナ火口ハ到ル所モ見エル。小寄生火山ハ幾ツトモナクplain〔平地〕ノ間ニハ陥落シタ穴モアルガ一向水ヲ湛ヘタ火口モ見エナイ。Zaca〔ザカ号〕モ見エルシ他ノ島々モ見エルノハ愉快ナモノダ十年来ノ登山デ気持ガ良イ。一行九名ノ大勢デ皆写真ヲウツシタ後Capt〔船長〕ハ活動。Mr. Crocker〔クロッカー氏〕ハinsects〔昆虫〕ヲトル。皆忙シイ（朝枝利男日記五月九日）。

日記やアルバムなどではどちらかという愚痴っぽい朝枝利男であるが、さすがにこの際には充実した達成感を覚えたのであろう。「十年来ノ登山デ気持ガ良イ」というところにこの探検の一つの集大成めいた感慨を抱いていたことを思わせる。日本人としてほかに到達した者がいないことを新聞記事で自ら触れていたことについては、先述した通りである。引用した箇所で頻りと火山に言及しているのは、頂上には火山湖があるという情報があったからのようで、その存否を確認しているわけである。この後も寝るまで、「皆ハ談笑妙ナ鳥カカウモリガ鳴ク弦月ガ出テ居ル」と、朝枝も詩的に一日の終わりを記している。探検隊の一行ともども、静かな感動に包まれていたのだ。

†登頂日のずれ

人類の未踏の地であった火山への初登頂はクロッカー探検隊がなしえた偉業のひとつに数えられている。実際に彼らの達成を祝してこの山の名前は隊長の名前にちなみクロッカー山と命名されており、その名称はいまでも一般的に使用されている。その一方で不可思議なことに、朝枝利男コレクションに収蔵された資料をみる限り、初登頂が達成された日が、二つあるのだ。

　前節を読んできた読者には、私が何を変なことをいっているのだと思われるかも知れない。実際、国立民族学博物館の朝枝利男コレクションの収蔵資料を中心にこれまで彼の足跡をたどってきた我々には、登頂日は五月九日であることは明々白々としているからだ。何より実際前述したとおり、クロッカー自身が五月九日に登頂したと明言している（Crocker 1933：6）。ところが朝枝資料のなかには矛盾がある。日記には五月九日に到達と明記されているが、アルバムに付されたメモには五月一〇日と書かれている。朝枝のアルバムの情報は、後から整理した情報が含まれているためか、日記に比べると日時の整理の点で粗く、記載ミスが疑われる箇所も多い。しかし出来事の重要性を鑑みるに、日付を間違えるというのは考えがたい。

　この矛盾は、一九三二年一〇月三一日付けのエクアドル総領事代理の署名された文書をみると解決できる[◇6]。そこでは、「五月一〇日」の登頂がクロッカー隊の世界最初の偉業であることを認め、山の名前をクロッカー山とすることが表明されている。つまりは山頂に到達したのは九日であるが、初登頂日として公式に認められたのが一〇日ということでないだろうか。

実際、朝枝の日記によるとクロッカー一行は、九日の夜は山頂近辺で過ごした後に、翌日、下山の準備に入る前に、もう一度頂上に足を運んでいる。登頂メンバーが並んで記念撮影が行われたのもこの日である（写真10）。カメラマンの朝枝は撮影者なので、被写体に含まれないことが多い。しかしさすがにこの時には自分が映り込んだ写真も撮影していた（写真11）。また、登山した記録をクロッカー山に刻み込むべく、登山隊に参加したメンバーの名前を記した紙を瓶に納め、それを山頂に埋めて石を積む儀式を行っていた。関連する写真はカリフォルニア科学アカデミーに収蔵されている（写真12、13、14）。

朝枝自身がそのあたりの事情について触れた文章がある。それによると、五月九日朝に植物学者スワース、医者ラーセンを残してクロッカー隊から五名に、案内人としてホーネマンのほか総勢一〇名程度で山頂を目指した。そして「翌朝再びキャンプから山頂へよじ、瓶にいれた記名簿を土に埋めて山頂を辞したのは十日の昼頃だった」（朝枝 一九三二c：一〇）とのこと。上述の登頂日のずれに関する推定を裏書きしている。

なお後年一九七〇年に日本のガラパゴス研究者伊藤秀三がこの初登頂のメンバーのひとりであった植物学者ハウエルと会っている。その際、この埋められた瓶がいまにいたるもみつけられていないとの証言を彼から引き出している（伊藤 二〇二〇：五）。その後、発見されたのであ

写真10　クロッカー山頂での登頂記念写真（サンタクルス島、1932年5月10日、撮影：朝枝利男、国立民族学博物館 X0076083）

写真11　クロッカー山頂での登頂記念写真（朝枝利男は前列右端）（サンタクルス島、1932年5月10日、国立民族学博物館 X0076082）

上から、写真12、写真13、写真14　登頂の記録にメンバーの名簿を埋めるクロッカー隊（サンタクルス島、1932年5月10日、カリフォルニア科学アカデミー CrockerCT Oversize #8 Black Album#11 N9400, N9402, N9406 below）

ろうか。残念ながら筆者の知るところはない。
帰途は往路とは異なり天候に概ね恵まれ、ゆるゆると下る楽しい道行きとなった。目についた植物、動物などをカメラに収めつつ、鳥の奇妙な鳴き声を耳にしながら、五月一二日にはザカ号に帰着している。この登山のミッションだけで一二ダースのスナップ写真を撮影したとのことである。

†後日談
ところでこの初登頂をめぐっては後日談がある。クロッカー隊が一九三五年に二回目のガラパゴス訪問を行った折のことだ。サンタクルス島に上陸したクロッカー隊の一行は、ガラパゴス在住の登頂メンバーの一部と再会している。およそ三年ぶりの会合であった。一九三五年三月二四日の朝枝日記から引用したい。

私ハ此ノcactus［サボテン］ガ如何ニモ好キダ。此ノCliff［崖］モ良イガ遠クMt. Crocker［クロッカー山］ヲ見ルノハ尚嬉シイ。三年前登山シタ事ヲ思ヒ出シタ。
夜ハレーダー兄弟トFinsen［フィンセン］トイツタ三年前山登リノ案内ヲシタ老人トモ一人ノ男ガ客トナツテ来タノデ話シ乍《なが》ラ十時迄過シタ。Flying fish［トビウオ］ガ大小三尾トレタ。Finsen［フィンセン］ハ鬚《ひげ》ヲハヤシテマルデ老人ニナツタノハ僅《わずか》三年トハ思

写真15　ザカ号からみたクロッカー山（1935年3月24日、撮影：朝枝利男、国立民族学博物館 X0078209）

ハレナイ位（朝枝利男日記三月二四日）

自分たちがかつて踏破した山頂を遠くから見据えながら往事を回想する印象深いひとコマである（写真15）。三年近くたってすっかり年を取った道先案内人フィンセンの姿に驚いている。ここで出てくるレーダー兄弟とは、同じ島に居住していたノルウェー人のことである。クロッカーは登頂に際して、彼らからの助力を最大限に受けていた（Crocker n.d.: 90）。朝枝は前回の滞在時に彼らのためにフィルムを現像しているといったつきあいがあった（朝枝利男日記五月一三日）。

四　来島記念を岸壁に記す

†ガラパゴス風宿泊簿

クロッカー山登頂のような達成感にはほど遠いが、クロッカー隊は、ガラパゴス来島を記念して自分たちの足跡を残している。イサベラ島のタグスコーヴでのサインである。来島記念に同所の湾内の岸壁にサインを残すことが慣例としてあった。クロッカー隊もこの慣行に興味を引かれたようだ。朝枝の記録によると特に隊長であるクロッカー本人がことに熱心だったようで、さっそく実行に移されている。ここでも活躍したのは朝枝利男であった。

湾内ノ岩壁ニハ沢山ノ白イyacht［ヨット］ノ名前ガ番附ケテアル皆Hotel［ホテル］ノregister［登記］ト笑ツテ居タガ ク氏［隊長のクロッカーのこと］モトウトウsign［サイン］スルベク私ガdesign［デザイン］シテトウトウ朝ノ内出テJohn［ジョン］ト共ニ岩へ書キツケヌZacaS.F.1932（朝枝利男日記五月一五日）

最後の「ZacaS.F.1932」が署名の文言にあたる。一行が乗り込んでいた船の名前であるザカ

写真16　右側にザカ号のサインがみえる（イサベラ島タグスコーヴ、1932年5月25日、撮影：朝枝利男、国立民族学博物館 X0076170）

号、出港地のサンフランシスコ、そして到達した年の一九三二年をそれぞれ意味している。朝枝はロープにつかまりながら、夕方までかかって白ペンキで書き上げたという。ひと仕事の成果は、見事に写真に収められている（写真16）。

一九三五年三月九日にクロッカー隊一行は、同じ場所を再訪している。その際にも、記念サインを忘れることはなかった。前回同様、隊長のクロッカーはかなり積極的に署名の追加を希望していたようだ。到着前日にわざわざ探検の予定を変更してタグスコーヴを訪問している。

朝枝の反応はといえば、今回も署名すると耳にして呆れていた。かつて自分がサインした場所を目にして、「Tagus Cove［タグスコーヴ］ニ入ルト name［名前］ノ多イコト。1932以来非常ニ増シテ居ルニハ驚イタ。安イ Hotel［ホテル］ノ Register［登記］ノ様デアル」（朝枝利男日記三月一〇日）と述べている。

ホテルの宿泊簿のようだという感想は一九三二年の時と同じであるが、著名された名前の数の増大を目の当たりにすることで、さらにやる気を削がれたのであろう。わざわざ安いホテルのようだと手厳しい評言を付け加えている。

朝枝はそうした批判を公言して、サインのために時間を割くことに反対の意見を表明しながらも、最終的には隊長の意向に従っている。ほかの船員は、一介の部下に過ぎない朝枝からの上司への率直な諫言に驚きを隠さなかったようだ。航海を重ねるうちに朝枝とクロッカーのあいだの関係は、そうした発言が許される程に近づいていたのだろう。

ク氏［クロッカー］ガ1935ヲ書キ加ヘロトイウフノデ又cheap［安い］ナコトダト議論シタガ皆クルー［船員］ハ眼ヲ丸クシテ居タ。兎モ角Frank［フランク］トJohn［ジョン］ト行ツテPaint［描画］シタガ少シ大キ過ギタ様ダ（朝枝日記三月一〇日）

気の乗らない依頼仕事であれ、文字デザインのバランスの欠落を自己批判するあたりに、朝枝の職人的な気質を読み取れないだろうか。写真をみると確かにやや文字がほかとのバランスからして大きすぎる（写真17）。また壁面にみえる署名の洪水を目にすると、朝枝の日記での愚痴に共感を覚えないだろうか。文明の果てとまで呼ばれたガラパゴスにして、ここまでの数の

写真 17　右端に 1935 年を加えたサインがある（イサベラ島タグスコーヴ、1935 年 3 月 10 日、撮影：朝枝利男、国立民族学博物館 X0078161）

船舶が押しかけていたことが、このように可視化されると確かに興ざめである。さらには、一九三二年のザカ号のサインの真下に別の探検隊がサインしてしまっているため、折角のザカ号の署名の見栄えが悪くなっている。かつての朝枝一同の苦労が台無しである。新しく一九三五の年号が挿入された場所もそれ以外に場所がなく致し方ない選択であったと察せられる。

五　一九三二年のガラパゴス探検の終わりに

†二三九点の水彩画、三五九点の標本

このようにさまざまな出会いと達成を挟みつつ、朝枝の最初のガラパゴス探訪は幕を閉じた。いわずもがなの苦労も多かった。陸地で汲み上げた水は黄色くて飲む気にならなかったほどで、特に飲み水の採取には苦労した（朝枝利男日記五月六日及び二五日）。船員間での人付き合いの問題もある。狭い船室での長い旅路というだけでなく、急遽探検隊のメンバーとなった朝枝は、唯一の日本人ということもあって、肩身の狭い思いをすることもあったようだ。隊長クロッカーと船員とのあいだの感情的な対立も表面化する折もあった（朝枝利男日記五月六日）。しかしそれでも記念すべき旅であったことには違いない。

クロッカー隊長によって書かれた探検を総括する文章には、さまざまな業績が麗々しく並べられている（Croker 1933b）。朝枝個人は、どう考えていたのだろうか。標本や海図の製作、魚類などの採取、未踏地の踏破に加わるなど、さまざまな例をあげられるが、ここでは彼自身の記録から確認したい。本章でも頻繁に参照・引用した朝枝利男のガラパゴス諸島の探検記は、一九三二年八月三一日で筆を置かれている。終わりに近い箇所で、朝枝は自作の水彩画の整理を行い、製作した点数を数え上げている（朝枝利男日記八月三〇日）。これこそを一番心血を注いだ成果と朝枝は認識していたのであろう。

Painting［絵画］150 plates［プレート］-179 fishes［魚類］
89 plates［プレート］- 180 others［その他］
Total［合計］239 plates［プレート］- 359 specimen［標本］

これらの水彩画は当時の博物学調査では必須の技術とされていた。現在のようなカラー写真の技術が普及する以前の時代においては、自然の状態に置かれた生物の色を記録するために水彩画が活用されていた。特に魚類などの水生生物は捕獲後にホルマリン漬けにすると急速に色が抜け落ちるという問題点があった。したがって捕獲した時点での色彩を記録するために、水彩画が描かれていたのである。朝枝利男は、この技術に一家言をもっていたのだ。

朝枝の手による美麗なガラパゴス諸島の水彩画は、現在、カリフォルニア科学アカデミー、国立民族学博物館朝枝利男コレクションでの収蔵が確認されている。またそれ以外の探検の際に描かれた水彩画が、アメリカ自然史博物館、ニューヨーク動物協会においてみつかる。丁寧に彩色された魚類の水彩画は、みていて飽きることがない。紙幅の問題もあるためここでは残念ながらそのうちの一枚と水彩画の製作過程がみえてくるスケッチを紹介するに留める（口絵、カラー図版1、カラー図版2）。

クロッカー隊が乗船するザカ号がガラパゴス諸島に別れを告げたのは、一九三二年六月一六日夕方五時半頃のことであった。朝枝は、当日の昼まで、鳥の巣を求めて丘を登り、コロニーを写真に収め、さらにはカモメの写生を行うなど、慌ただしく時を過ごしていた。しかし別れの瞬間はさすがに感慨深いものがあったのだろう。「美クシイ空ニ夕日ガ沈ン行ク紅イ海帆ヲ上ゲテ走ル」と日記に記している。また苦労が絶えなかった滞在ではあったが、彼なりに充実感を味わっていたと思われる。ガラパゴス諸島から離れてすぐ、娯楽のない島での生活に飽き飽きしていた船員が歓喜している様を、朝枝は一人距離感をもって眺めていた。

一九三五年に再度足を踏み入れる機会を得た際には、朝枝が目にしたのは、さらに文明に開かれたガラパゴス諸島の姿であった。タグスコーヴでは、郵便ポストができ、丘の上まで人が歩き、道ができていることに驚いている。鳥や昆虫などが前回より少なくなっているという印象を抱いた。最初の訪問での苦くも甘美な体験は、すでに回想のなかでしか得られない喪失の思い出となっていたのである。

◇註

1　カリフォルニア科学アカデミーのホームページの記事（Scientific Expeditions Galápagos Islands Research）を参照。https://www.calacademy.org/learn-explore/scientific-expeditions/galapagos-islandsresearch　二〇二四年一月六日閲覧。

2　国立民族学博物館朝枝利男コレクションに含まれる朝枝利男の蔵書のなかには、ビーブから朝枝への献辞が書かれた書籍『アルクトゥルスの冒険』がある。一九三六年六月四日に記された手書きの謝辞は、「最も優れた芸術家、写真家、剥製師、地図製作者などなど」と、朝枝の力量をさらに褒め称えた内容となっている。

3　カリフォルニア科学アカデミー所蔵テンプルトン・クロッカーコレクション Oversize #27の Yacht Zaca "Miscellaneous I" の一九三二年一二月一日付カリフォルニア科学アカデミー総長からテンプルトン・クロッカー宛ての書簡を参照。この時期にはすでに、エクアドル総領事代理からクロッカー山と命名する提案が連絡されていることがわかる。

4　残念ながら、このスケッチの所在は不明である。

5　文脈から Jacob Hersleb Horneman のことと思われる。朝枝はデンマーク人の地理学者と認識していた（朝枝利男アルバムX0076073のコメント参照）。

6　カリフォルニア科学アカデミー所蔵テンプルトン・クロッカーコレクション Oversize #27の Yacht Zaca "Miscellaneous I" の一九三二年一〇月三一日付エクアドル総領事代理からの書簡を参照。

第三章　ガラパゴスでの発見と記録

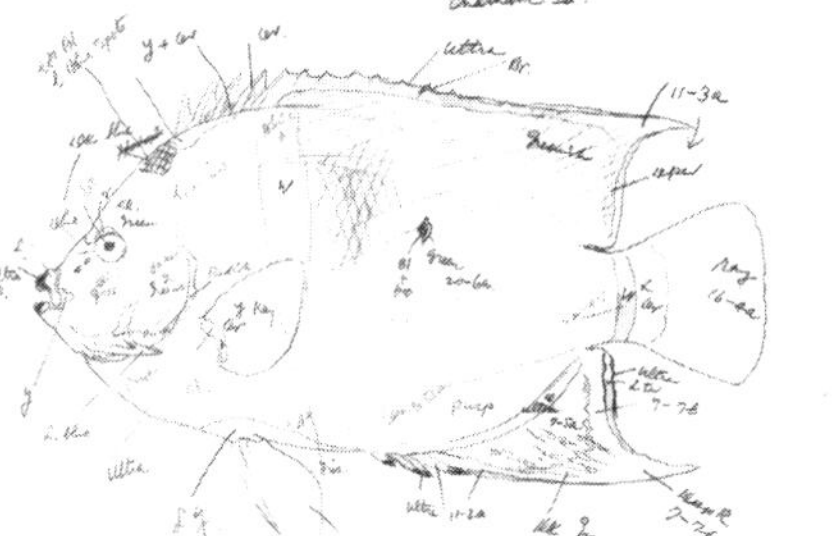

一　新種の発見

†アサエダの名がつく生物

朝枝利男は、ガラパゴス諸島を訪問した人間のご多分にもれず、その自然環境と動植物の生態に大いに魅了されていた。彼のガラパゴス探険記には、「私は、ダーウィンが此の島を踏査してから約百年の後、すなわち一九三二年此の地を実地探検してみて、予想以外にその生物界の奇異なのに驚いた次第である」（朝枝一九三三b：三二六）と書かれている。クロッカー探検隊における朝枝利男の役割は写真家・画家であった。つまりは探険の記録係であったわけだが、そうした充実した体験を反映してか、いきいきとした写真や水彩画を残している。朝枝自身の言葉を引こう。

鳥学者は鳥の剝製に忙しく、植物学者は毎日草や海モを集めて来る。こん虫採集員は朝から晩まで虫を集めて喜んでいる。自分は写真とスケッチとを担当しているので、なかなか忙しい。スハといえばたちまちキャメラをもって岸に行く、山へ登る。その間々に魚であれ、蟹であれ、鳥であれ色の変化しそうなものは全部水彩画でスケッチする（朝枝一九三二a：八)。

それのみならず、探検隊ではなく朝枝個人の署名のもとガラパゴスに関する文章をいくつか公表している。ここではこうした公的私的な記録を参照しながら、彼が実見したガラパゴスの動植物や自然環境を彼が残した写真を使い紹介していきたい。そしてあわせて探検隊の新たな発見に何があり、それらが同時代的にどのように評価されたかについて触れたい。

ガラパゴスといえば何より、いまでもそこに生きる興味深い動植物の姿であろう。クロッカー探検隊はもとより朝枝の関心もあり、数多くの写真が残されている。さらに伊藤秀三によると、探険中に新発見された動植物のなかには、クロッカー隊一行の名前にちなんで命名されたものがあるという。いくつか紹介したい。たとえば、キク科木本のスカレシア・クロッケリ(Scalesia crockeri)には、隊長であるクロッカー（Crocker）の名前がみえる。ウチワサボテンの新変種ザッカナ（Opuntia echios var. zacana）には、探検隊の船であったザカ（Zaca）号からとられていることは、あきらかであろう。本書の主人公朝枝の名が冠されたものもある。ガラパゴスからの帰路にメキシコのオアハカで発見された新種ヒラメ（Monolene asaedai）がそれである。学名の後半部分に朝枝の名前がみえる（図5）。命名者は、魚類学者で朝枝の同僚であったウォルトン・クラークによる。いわく熟練した画家・朝枝利男を讃えてとのことである（伊藤 二〇二〇：五; Clark 1936：386)。

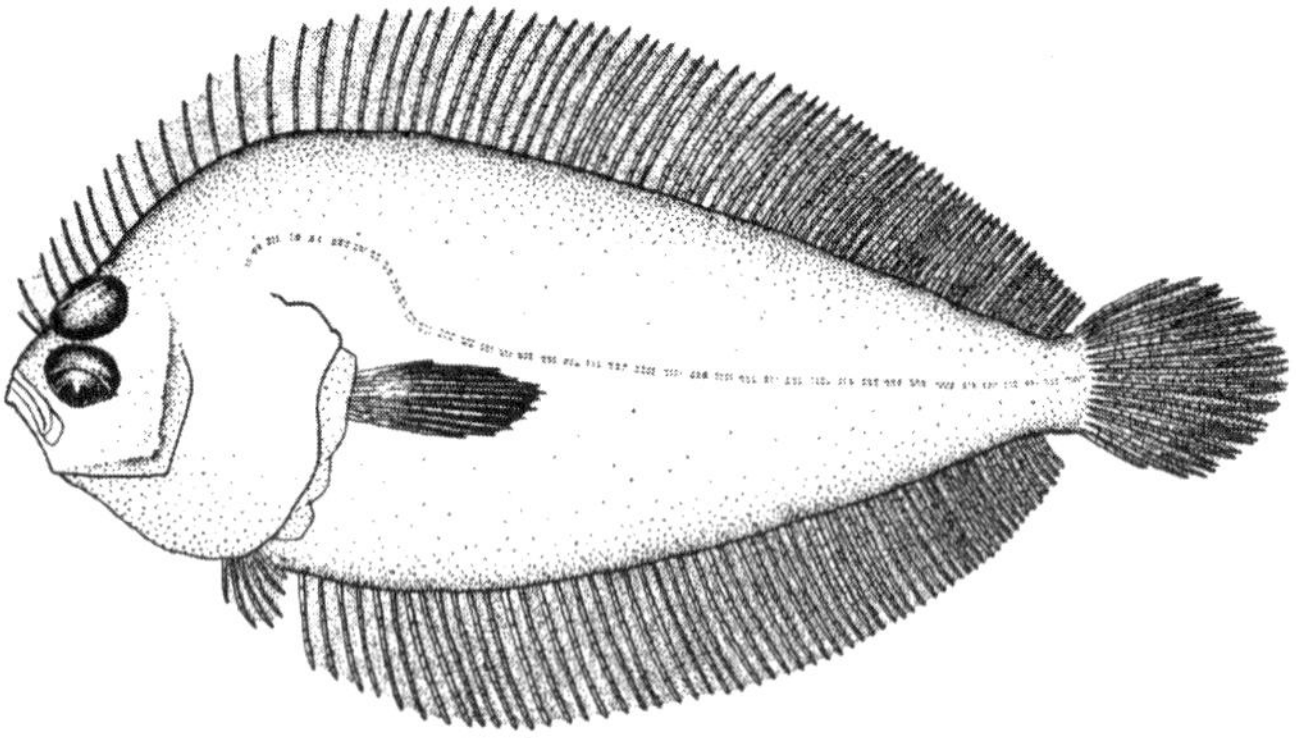

図5　モノレン・アサエダイの標本画（Perkins 1963：293 Fig. 1）

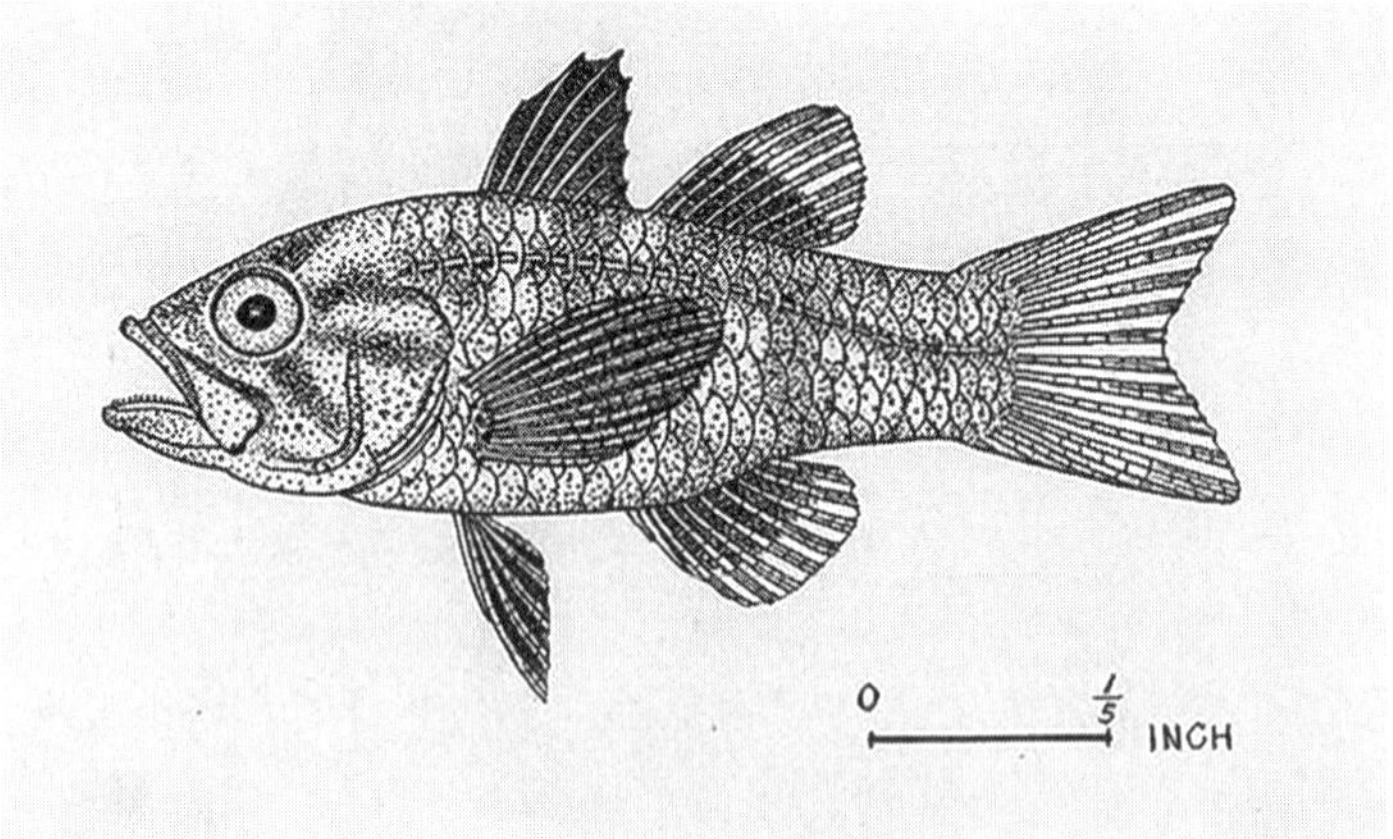

図6　テンジクダイの一種（Apogon asaedae）の標本画（作製：朝枝利男、カリフォルニア科学アカデミー所蔵）

実際のところ、カリフォルニア科学アカデミーから刊行されている紀要を閲覧すると、クロッカーやザカ号などの探検に関係して命名されたとおぼしき生物はほかにもあったことがわかる。◇1 せっかくの機会なので、ガラパゴス探検において発見された生物ではないが、朝枝と隊長のクロッカーの名がつけられた生物をひとつずつ紹介したい。朝枝の方が一九三三年四月一四日にサモアのトゥトゥイラ島で採集されたテンジクダイの一種（Apogon asaedae）である（図6）。◇2 魚類学者のシールは探検隊の優れた画家である朝枝から名付けたと明記している（Seal 1935 : 358）。クロッカーの方は、ソロモン諸島のレンネル島の近くで船に飛び乗ってきたトビウオ（Cypselurus crockeri）である（Seal 1935 : 350）。いくつかあるクロッカーにちなんで命名された生物のうち、この魚をここで紹介したのは理由がある。このトビウオを新種として同定するために標本画を描いたのは、ほかならぬ朝枝だったのだ。

ただしひとつ注意しておきたい点がある。新種とされたこれらの生物が、いまでもその旨認定されているのかどうかは別であるということだ。ここでは、あくまでクロッカー隊の探険が報告された時点での名称として紹介している。こうした新種の生物たちが、いまどのように分類され、正式にはどのような名前で呼ばれているかは、専門家による確認作業が別途必要となる。

二　火山活動を観察する

独特な動植物の存在で知られるガラパゴスであるが、どちらかといえば生物の生活とは縁遠くみえる火山や溶岩の溢れた島々でもある。緑豊かな場所は、限られているというのだ。

†「最も危険な旅」

メキシコ北部の海岸と同じく半沙漠の観を呈している。低い海岸縁などは足を踏み入れる余地もない程までにカクタス［サボテン］と棘《とげ》で蔽《おお》われていた。

しかし群島中の数個の島、例えばインデファテガブル島［サンタクルス島］のように二千呎以上の山を持つ島は、雲を呼ぶ事が多く、だから海岸は半沙漠でも、山腹には熱帯の密林があり大木が枝を張っている事がある。尚、山頂に行くと羊歯類の密生も見られる（朝枝一九三三a：三二二）。

右の引用の後半部は前章で紹介したクロッカー山への登頂時の経験が反映されている。この例からもわかるように朝枝の文章は、さりげない叙述においても実際に踏破した人間の観察にもとづく手堅いものであることが確認できよう。

引用からわかるようにガラパゴス諸島は、半砂漠という自然の乏しい土地なのであった。しかしそこは日本の山々を踏破して、火山についての著作を出版した朝枝のこと、一見殺風景にみえなくもないガラパゴスの島を散策する時にもそれはそれで興味津々のようであった。火山や溶岩流に格別な関心を払い、精緻に観察していた。

朝枝の日記から確認してみよう。朝枝一行がガラパゴス諸島に到着したのは一九三二年四月一五日であった。五月二八日にイサベラ島の近隣でザカ号が停泊した際には、フェルナンディナ島の山と並びガラパゴス諸島における五つの火山を一望のもとに捉えた朝枝は、「雲ノ美ト静カナ海ハ丁度瀬戸内ノ様ナ気ガスル。黄昏《たそがれ》モ美クシイ」と、日記の中で感嘆の声をあげている。このあたりの景観をいたく気に入った様子だ。

もう一箇所引用したい。ガラパゴスのそこかしこにある溶岩流に魅せられ、朝枝は、以下の細かな観察を記録している。

幾十ノ lava flow［溶岩流］ノ間ニ岸近ク幾十トモナキ小サナ寄生火山丘ガ噴火口ヲ見セテ居ル circle cone［円錐］モアル。Furnace［溶鉱炉］ノ様ニ eruption［噴火］デ割レテ赤ク lava neck［岩頸］ヲ見セテ居ルノデアル。完全ナ cone［火山錐］モアル。Lava［溶岩］ハ真黒ク木モ緑ニナイノハ物凄イ有様ダ（朝枝利男日記五月二一日）

朝枝の日記は人にみせることを前提にしてつけられていなかった。そのため自由な体裁で記録がとられている。右に引用したように英語をまじえた書きぶりも珍しくない。異邦人に囲まれたただ一人の日本人として、見慣れない事物を観察・記述するには、英語の方が適切な言葉を思いつきやすかったのだろう。国立民族学博物館に残されている朝枝の最初期の日記は縦書きで綴られているが、後半のものになるとほぼ横書きになっているのもそうした事情が背景にあると推察できる。なお、引用文のなかで英語の横の括弧付で併記されている日本語は、凡例で記したように私が参考として付記したものである。火山に関する地理学に係わる用語である可能性もあるため妥当な訳語かは心許ない。あくまで参考程度にお考えいただきたい。

　そして、ガラパゴス諸島の火山活動に目を引かれたのは、朝枝一人ではなかった。クロッカー隊の一同も活発な火山活動の有様を目の当たりにして、旅程を変更して観察時間を捻出してまでいる。特にイサベラ島で噴煙を巻き上げている火山には、その煙が噴出する大本の場所の解明を試みていた。そのために五月三〇日には、急遽、五、六名からなる登山隊が結成された。ロッチ船長、ラーセン医師と二人の船員に並び朝枝自身メンバーの一人であった。溶岩流や岩穴を横断しながら、イサベラ島の北端では一日に二度赤道を横断することもあったという。朝枝利男曰く、「最も危険な旅」のはじまりであった（写真18[◇3]）。

　最も危険な旅は、朝枝自製のアルバムのなかで比較的詳細に報告されている。それを参考に探険の様子をみてみよう。道程は実際に多種多様な危険に取り囲まれていた。植物といえば

写真 18　イサベラ島東北部の火山地帯の様子（イサベラ島、1932 年 5 月 30 日、撮影：朝枝利男、国立民族学博物館 X0076234）

写真 19　ハシラサボテンのなかを移動する一行（イサベラ島、1932 年 5 月 30 日、撮影：朝枝利男、国立民族学博物館 X0076235）

サボテンしか見当たらず、ごつごつした足場の悪い岩石のなかをクレーターや岩窪を気にかけ、登山隊の一行は上っていった（写真19）。転落におびえながら深い溶岩トンネルを通過して、延々と続く溶岩流のなかを歩いた（写真20）。噴気孔や陥没抗もあった（写真21、写真22）。噴気孔は蟻塚のようだとの感想を朝枝は漏らしている。四番目の火口に到達した時点で、一旦休憩。周りの様子におびえながら、いまでは活動していない古い火口のなかにて昼食をとっている（写真23、写真24）。結局二〇〇〇フィート（約六〇〇メートル）まで登ったものの、深い霧のため山頂はみえなかったという。そのため煙の出所を確認することもあたわず、断念して船に引き返している。この道行きはとりわけ強く朝枝の印象に残ったのだろう、ここで紹介したような一連の写真を残している。

ガラパゴスのほかの島の特徴的な地形や景観にも関心を向けていた。たとえば、六月一四日にサンティアゴ島サリバン湾では、そこからみえた円錐火山（写真25）やバルトロメ島にあるピナクルロックの写真を撮影している。ピナクルロックはその突起状の際だった形が非常に目をひく地形である。ピナクルとは、「地表から1～5ｍほど突出した石灰岩の塊の地形」を意味するという（漆原二〇一七：二四七）。ガラパゴス諸島のピナクルは突起状の形態だけでなく、それが傾斜していることも特徴である。第二次世界大戦の際に爆撃にあったために傾いたと観光業者や現地の人々のあいだで語られることがあるそうだが、少なくとも朝枝が写真を撮影していた時点である程度傾いていたことがわかる◇4（写真26）。

上から、写真20　溶岩トンネル（イサベラ島、1932年5月30日、撮影：朝枝利男、国立民族学博物館 X0076242）／写真21　噴気孔（同、国立民族学博物館 X0076250）／写真22　陥没抗（同、国立民族学博物館 X0076247）

写真25　円錐火山（1932年6月14日、撮影：朝枝利男、国立民族学博物館X0076318）

写真26　ピナクルロック（1932年6月14日、撮影：朝枝利男、国立民族学博物館X0076316）

上から、写真 23、写真 24　クレーター内で昼食中の一行（イサベラ島、1932 年 5 月 30 日、撮影：朝枝利男、国立民族学博物館 X0076244、X0076245）

三　仙人掌観察

†数少ない植物の観察

溶岩の流れる荒涼たる景観につきものの植物といえば、サボテンである。朝枝の記述ではサボテン、シャボテン、仙人掌《せんにんしょう》などさまざまに表記されているが、本書ではサボテンに統一した（写真27）。実のところ朝枝は、動物に比べて植物について記録するところは少ない。魚類を中心とする水生生物については、精緻な観察をもとに数百もの水彩画を残している。次項以降で紹介するように、水彩画の数こそ少ないが、ガラパゴスにてみつかる鳥類やイグアナについても数多くの写真を撮影している。しかし植物については、非常に少ない。唯一の例外がサボテンである。ガラパゴスのそこかしこでサボテンの写真と見聞録を残している（写真28）。ここでは、そのいくつかを紹介したい。

印象深いシーンとしては、たとえば一九三二年五月二七日のイサベラ島タグスコーヴにおけるサボテンへの言及がある。朝枝は、火山の頂まで足を運び、そこで数日間にわたって滞在していた。この時の同行者は、植物学者ハウエルである。朝枝は、山頂にあった火山湖の姿やそこから眺めた周囲の景観に感銘を受け、次のように記している。

写真27　ウチワサボテンを見上げる朝枝利男（サンタクルス島アカデミー湾、1932年5月2日、国立民族学博物館 X0076057）

写真28　巨大なウチワサボテンを調査する朝枝利男（サンタクルス島アカデミー湾、1932年5月3日、国立民族学博物館 X0076059）

午後二時カラ Mr. Howel〔sic. Howell ハウエル〕ト山へ登ル lake〔湖〕ノ美クシイコト火口湖デアル。小サナ橋ノ様ナ lava flow〔溶岩流〕カ或ハ Tagus Cove〔タグスコーヴ〕＊湾火口トノ背後デ海水ト混ツテ居ルガ salt water〔塩水〕デアルトイフ。Zaca〔ザカ号〕ハ下ノ方ニ見エル。Cuctus〔サボテン〕デ風ノタメニ fan〔ウチワ〕状ニ一面ノミニ拡ガツタモノヲ山頂ノ lava cone〔溶岩丘〕ノ裏デ探シテトツタガ後ノ山ハ雲ノ中ニ隠レテ居ル（朝枝利男日記五月二七日）。

文中で触れているザカというのは、朝枝らクロッカー探検隊がのっている船ザカ号のことである。山頂で周囲の絵画的な景観に感銘を受けつつ、風にさらされているウチワ状にひろがるサボテンをみつめている。ほかならぬこのサボテンの写真は残されている（写真29）。朝なおここに登場する同僚の植物学者が著したサボテンに関する学術的報告書においては、朝枝によるサボテンの写真が使用されている（Howell 1934）。このことからわかるように探検隊のメンバーに依頼を受けて、サボテンの種類に注意を払っていた。朝枝の記録もそのことを傍証している。六月一日には、小さなサボテンを収集している。おそらくヨウガンサボテンのことだろう（写真30）。また、六月一〇日にはバルトラにて、今度は沿岸平地部のウチワサボテンを記録している（写真31）。

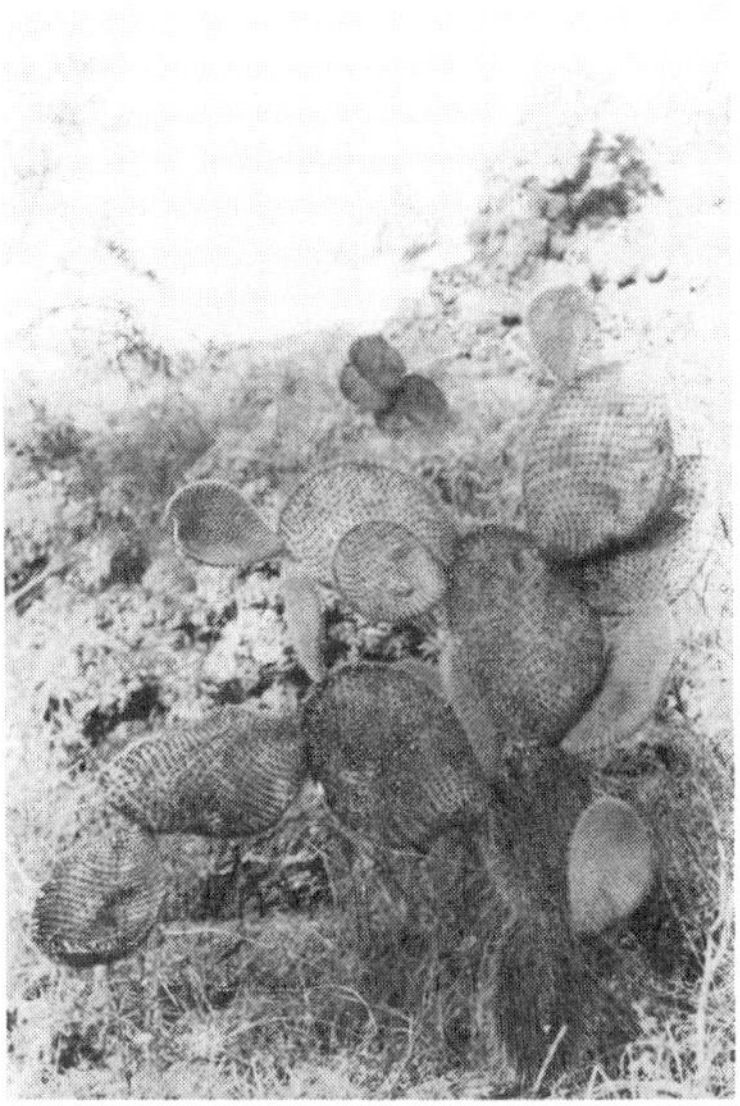

写真29　山上のウチワサボテン（イサベラ島タグスコーヴ、1932年5月27日、撮影：朝枝利男、国立民族学博物館 X0076193）

写真30　ヨウガンサボテン（フェルナンディナ島、1932年6月1日、撮影：朝枝利男、国立民族学博物館 X0076229）

写真31　沿岸平地部のウチワサボテン（バルトラ島、1932年6月10日、撮影：朝枝利男、国立民族学博物館 X0076278）

写真32　ハシラサボテン（サンタクルス島コンウェイ湾、1935年3月、撮影：朝枝利男、国立民族学博物館 X0078181）

朝枝のサボテンへの関心は、二度目の訪問にあたる一九三五年になっても続いていた。その美しさにも魅せられていたようだ。たとえば彼はアルバムのなかで、ウチワサボテンとハシラサボテン（写真32）という二種類のサボテンが織りなすガラパゴスの景観は魅力的と感想を漏らしている。学術的な探索も継続させ、植物標本としてのサボテンの採集に精を出していた。サンタクルス島コンウェイ湾においては、サボテンが密集している藪のなかにのりだして、調査を試みている。サボテンのとげのなかを歩き回るのは容易でなく、また折に触れて溶岩流があらわれる道行きは、歩き回るのに難渋するほどであった。朝枝は、迷子にもなりかねなかったと述べている。◇5

四　「鳥の楽園」のなかで

†人と同格に存在する鳥

ところで朝枝がガラパゴス諸島で滞在しているあいだに、もっとも被写体に選ばれた生物は何だろうか。実は鳥類である。朝枝自身、ガラパゴス諸島における鳥たちの不思議な生態について繰り返し言及している。

ガラパゴスで愉快なことは、野生の鳥類が一向人間を怖がらない事だ。ここへ来ると人間も動物も同じ取り扱いだから、人間たる権威のあがらんこと夥《おびただ》しい。がここでは流石の人間も恐ろしい悪魔扱いを受けないだけが喜ばしい（朝枝 一九三三b：三一八）。

動物が人間を恐れないこと。それのみか同格としてあることに感銘を受けている。似た感想を記した文章は、探検のさなかに公開されたエッセイでもみられる。

ここで一番愉快に感じたのは土着の動物、殊に鳥類である、彼等は人類の危険性を一も知らない。人間もシー・ライオンも同等にしか思はれていないのである。殊に前人未踏の海岸山地へ行くとその感が深い。彼等は皆妙な顔付をして人の側へ飛んで来てはマジマジ人の顔をのぞいてみる。物をねだるのではない。只真の好奇心からである（朝枝一九三二b：一〇）。

偶然であろうか、人間、鳥、アシカがお互いお見合いをしているシーンは、写真に収められている（写真33）。被写体が小さくて判別しがたいかもしれないが、奥の左側にいるのがガラパ

写真33　人間、鳥、アシカのお見合い（フェルナンディナ島北東部、1932年5月31日、撮影：朝枝利男、国立民族学博物館 X0076207）

ゴスアシカの子供である。この子が陸に上がり右手にいるガラパゴスコバネウ、さらに右手にいる鳥類学者スワース、手前にいるウミイグアナをみつめている。他方でみられた彼らもアシカを見返し、お互いがお互いを何者かいぶかしくみつめあっているというのが朝枝がアルバムにつけたコメントだ。文明から離れた島の環境では、人間と動物はただ同列に並んでいるという朝枝の印象が如実にあらわれている。朝枝は動物が人を恐れない理由を長いあいだ人間から離れて暮らしていたことに求めていた。ガラパゴスのほかには北極と南極くらいでしかこうした特徴はみつからないのではと述べている（朝枝 一九三一b：一〇）。

ただし実際に鳥類が被写体として選ばれているのは、彼の個人的興味の故ではない。クロッカー隊の探険のミッションと関係している。彼らのガラパゴス探検は、カリフォルニア科学アカデミー（第一回探険）やアメリカ自然史博物館（第二回探険）などと連携して行われていた。とくに後者のアメリカ自然史博物館は、鳥類の展示場の改装を計画しており、新規の剥製が必要とされていた（丹羽 二〇二〇：六四五）。

私は幸いなことに二〇二三年の九月にアメリカ自然史博物館にて調査する機会にあずかった。訪問時は改装中で一般客には閉鎖されていた鳥類の展示場には、ガラパゴス諸島のほかレイサン島、ハワイ諸島、グアノ諸島、マルケサス諸島、ツアモツ諸島、サモア諸島のそれぞれのジオラマ製作に貢献した人物として朝枝利男の名前があげられていた。いずれも臨場感溢れる姿で鳥と彼らの暮らしている環境が復元された展示で、改装後一般公開されるのが楽しみである。

写真34　アメリカ自然史博物館ホイットニーホールにおけるガラパゴス諸島の鳥類の展示（アメリカ自然史博物館所蔵）

ここではガラパゴス展示場の写真を紹介しておきたい（写真34[◇6]）。

職務としての必要性があった一方で、鳥は朝枝にとって縁のある生き物であったことも指摘しておきたい。コダック社写真コンテストの受賞作品は、偶然かも知れないが、鳥をモチーフにしていた（第一章写真1、三四頁参照）。彼自身が生物としての鳥類にどこまで関心を抱いていたのかはわからない。しかし鳥の生態環境や模写には、それなりに取り組んでいたと思われる。国立民族学博物館所蔵の朝枝利男の蔵書には相当使い込まれた鳥類の図鑑が含まれており、そこには朝枝の鳥類スケッチの習作が何枚か挟み込まれている（図7）。書誌情報のページは欠落しているものの、この図鑑は鳥類学者イーロン・ハワード・イートンによる『ニューヨークの鳥類』と図版

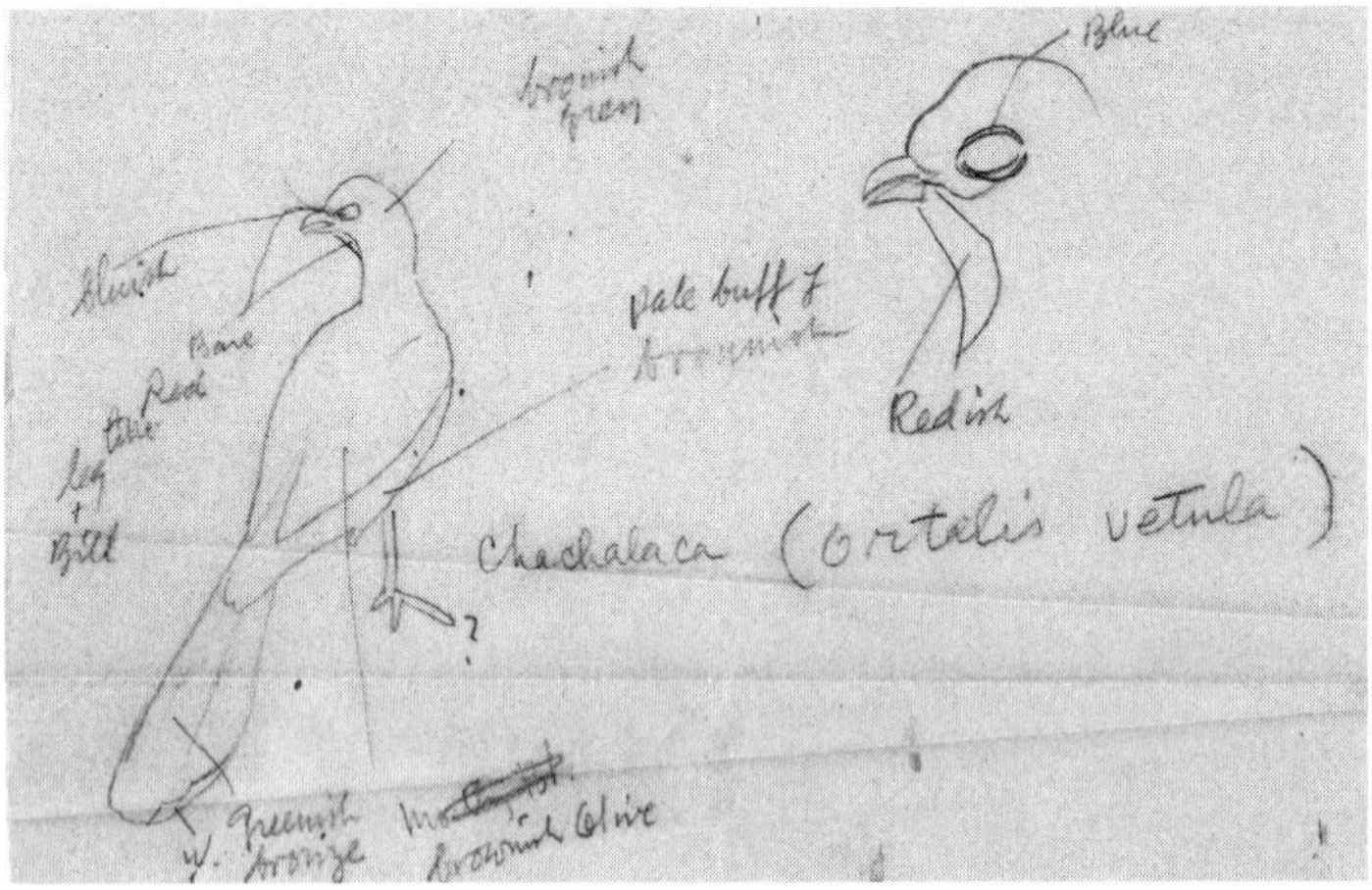

図７　鳥類スケッチの習作（撮影：丹羽典生、国立民族学博物館朝枝利男コレクション）

から同定できる。一九一〇年代に刊行されているので、朝枝は渡米後すぐにこの書籍を入手できたはずだ。

そしてガラパゴス諸島は、朝枝の技術が遺憾なく発揮できる場所であった。非常に多くの鳥類の生態を記録している。多種多様な鳥類が生息しており、朝枝は以下で述べるようにガラパゴスを「鳥の楽園」とまで述べている。本節では朝枝がみたガラパゴスの鳥類を彼の写真とともに紹介していきたい。

たとえば、オオフラミンゴである。一九三二年六月四日に目撃していた。その際には残念なことに接近に失敗して、撮影に入る前に逃げられてしまっている。フィルムに焼き付けるのに成功したのは、その二日後のラビダ島においてであった[◇7]（写真35）。フロレアナ島のフラミンゴは水彩画にもされている（口絵、

写真 35　オオフラミンゴ（ラビダ島、1932 年 6 月 6 日、撮影：朝枝利男、国立民族学博物館 X0076262）

カラー図版3）。ゴージャスなピンク色をしたフラミンゴは人を恐れない様子であったらしい。しかし、接写に際して、逃げられないように後ろからそっと近づくのが難しかったという。それ以外にも、ガラパゴスマネシツグミがフラミンゴの卵をつつこうとしている瞬間（写真36）や、今度はそのガラパゴスマネシツグミの鳴き声を歯牙にもかけずあっというまに食べてしまうというガラパゴスノスリ（写真37）がいた。カッショクペリカン（写真38）なども撮影していた。

朝枝も鳥類の生態に魅せられたのであろう、撮影はのりにのっていた。ノースセイモア――バルトラ（サウスセイモアと呼ばれることもある）の横にある小さな島――へは、旅程を変更してまで、鳥を追い求めていた。

写真 38　カッショクペリカン（バルトラ島、1932 年 6 月 10 日、撮影：朝枝利男、国立民族学博物館 X0076320）

写真 39　崖にいるアカメカモメ（ノースセイモア島、1932 年 6 月 12 日、撮影：朝枝利男、国立民族学博物館 X0076308）

写真36　ガラパゴスマネシツグミとフラミンゴの卵（ラビダ島、1932年6月6日、撮影：朝枝利男、国立民族学博物館 X0076265）

写真37　ガラパゴスノスリ（サンティアゴ島サリバン湾、1932年6月14日、撮影：朝枝利男、国立民族学博物館 X0076282）

皆ガ昨夕帰ツテN島［ノースセイモア］ハ頗ル面白イトイウノデ遂ニモウ一日滞在スルコトニシタ。自分ハfolk［sic, fork］tailed gull［カモメの一種］ノbaby［赤ちゃん］ヲ写シニ行カネバナラナカツタノデ十時頃Capt［船長］ト一所ニ発シタ。Low［低い］ナ島デSeymore［セイモア］ノ北端カラ一ツノ狭イchannel［海峡］ヲ隔テテ居ル斗リ。而カモ動植物ノ分布ガSouth［サウスセイモア］ト違ツテ居ルノガ奇デアル（朝枝利男日記六月一二日）

その成果である崖にいるアカメカモメはきちんとカメラに収められている（写真39）。隣接しているノースセイモアとサウスセイモアであるが、朝枝は、両者における動植物の分布の違いに気がつき、興味を引かれている。彼の写真撮影にたいする熱意や仕事に対する意気込みまでも伝わってこないだろうか。

朝枝の目に、ガラパゴス諸島は鳥にとってもっとも安全な場所にうつっていた。砂浜に直接産卵するアメリカミヤコドリの姿をみて、そうした感想を漏らしている（写真40）。

ヘノベサ島のダーウィン湾にあったグンカンドリのコロニーは、こうしたガラパゴス諸島のなかでも特別であった。朝枝は、「鳥の楽園」とまで述べている。朝枝がそこに滞在したのは、六月一五日のことであった。グンカンドリが、海岸近くの草むらに足の踏み場もないほど群れていたという（写真41）。朝枝は鳥類の行動も観察している。たとえば、グンカンドリが求愛の

写真 40　アメリカミヤコドリと卵（フェルナンディナ島北東部、1932 年 5 月 31 日、撮影：朝枝利男、国立民族学博物館 X0076213）

写真 41　鳥たちの群れる様子（ヘノベサ島ダーウィン湾、1932 年 6 月 15 日、撮影：朝枝利男、国立民族学博物館 X0076329）

ため喉袋を風船のようにふくらませるのを面白く思い、数多くの写真を残している。ヘノベサ島にはそれ以外にカツオドリ、ササゴイ、カモメなどが撮影されている。グンカンドリとカツオドリの関係にも興味を持ちメモを残している。朝枝曰く、カツオドリは魚を捕まえるために海に飛び込むが、グンカンドリはしない。あるいは、グンカンドリは漁をするカツオドリについて行き、カツオドリから魚を盗む。さらには、グンカンドリのくちばしは空中で魚を捕らえるのに適しており、カツオドリが落とすとさっと拾う。等々アルバムのなかでコメントを付けている（写真42）。

　グンカンドリとカツオドリの関係はよほど朝枝のお気に入りなのか、公刊されたエッセイのなかでも紙幅を割いている。文中では阿呆鳥とあるが、「ブービー（阿呆鳥）」と記載されているのでカツオドリのことと思われる。「一口に云えば、腐れ縁とでも云ふかとにかく阿呆鳥と軍艦鳥は切っても切れぬ仲である。と云って、親密な間柄でもないし、犬猿ただならぬ仲でもない――その証拠にはお互い入り乱れて隣同士で巣を拵《あつら》へてる」（朝枝 一九三三b：三一九）と切り出したうえで、先述した双方のやりとりを三頁にわたり紹介している。ここで引用するには長すぎるので、関心のある読者は朝枝のエッセイで確認して欲しい。

　ちなみに朝枝は、一九三五年のガラパゴス諸島再訪時に、この島の楽園に足を運んでいる。しかしこの時には、繁殖には時期がはやすぎたのか、喉を赤く膨らませているグンカンドリの数は比較的少なかったとのことであった。それだけでは物足りなかったのか、サンタクルス島

写真 42　アカアシカツオドリ（ヘノベサ島ダーウィン湾、1932 年 6 月 15 日、撮影：朝枝利男、国立民族学博物館 X0076345）

写真 43　ガラパゴスササゴイ（サンタクルス島アカデミー湾、1935 年 3 月 24 日、撮影：朝枝利男、国立民族学博物館 X0078232）

アカデミー湾にて、数多くの鳥を撮影している。ガラパゴスササゴイの写真では、鳥が獲物に集中していたため接写できたと満足げにアルバムに記している（写真43）。

鳥類のなかで朝枝利男の一番のお気に入りは、ガラパゴスマネシツグミであったようだ（写真44）。彼は、ガラパゴス諸島のなかで一番かわいらしい鳥とまで述べている。まだ幼い頃のそれは特にかわいくみえたようだ。サンタクルス島コンウェイ湾で、「ガラパゴスマネシツグミは、我々が何者かいぶかしがり、カメラにのってくる、いつも何かを声高に話しており、時には靴をつついてくる」と観察している（朝枝利男日記六月八日）。この経験は、以下の文章に昇華されている。

モッキング鳥は殊になれているが若い鳥は益々愛らしい。写真の三脚に止ってみる。靴先をつついてみる。そつと手を延ばすと五六寸の所でヒョイト後へ退くばかり。小さな緑色のワーブラー等はほとんど指が翼にふれるまで動かない。大きなたかまでも人を恐れず、三四尺の近くで写真を撮っても平気で羽を磨いている（朝枝 一九三二b：一〇）。

ほぼ同じ内容の文章がほかの原稿のなかにもみられる。朝枝曰く、モッキング鳥たちは、「人間見物に集まって」きているのだという。「妙な奴が来たとばかり、人の周りを枝から枝へ岩から岩へ、ペチャクチャおしゃべりをしながらついて来る」と書いている（朝枝 一九三三b：三一

写真44　ガラパゴスマネシツグミ（サンタクルス島コンウェイ湾、1932年6月8日、撮影：朝枝利男、国立民族学博物館 X0076267）

写真45　ザカ号上のガラパゴスペンギン（イサベラ島タグスコーヴ、1932年5月、撮影：朝枝利男、国立民族学博物館 X0076179）

八）。

ガラパゴス諸島は、赤道直下に位置するにもかかわらずペンギンが生息することで知られている。ガラパゴスペンギンである。クロッカー隊は、ザカ号の船上にこの鳥を放つこともあったようだ。船員達と戯れている様子を写真に収めている（写真45）。船上など身近な場所に動物を放つことは時折あったようで、クロッカーが鵜を捕まえてきたこともあったという（朝枝利男日記五月二五日）。

このようにして朝枝は、一連の鳥類に関する博物学的資料を製作した。これまでに紹介した写真や水彩画からも朝枝の調査が実り多きものであったことが、十分伝わってくる。同時代的にも、朝枝の鳥類の写真は頻繁に使われていた。アメリカ自然史博物館刊行の『南アメリカの鳥類』という大部な二巻本がある。その巻末には鳥類の種と生態を表す写真があまた掲載されており、ほかならぬ朝枝利男の写真も選出されている（Murphy 1936）。より一般の読者を意識した雑誌『イラストレイテッド・ロンドン・ニュース』に掲載された記事は、事実上朝枝の写真で構成されている（Slevin 1936 : 873-875）。またガラパゴス探検より後には、やはりアメリカ自然史博物館の展示場のためにハワイ諸島に標本の収集に赴いている（写真46）。先に紹介したフラミンゴのほか、数は少ないながらも水彩画も残している（口絵、カラー図版４）。朝枝自身の鳥類へのかかわりはこのようにして続いていくこととなったわけである。

何より指摘したいのは、鳥とのかかわりを通じて朝枝は一番学術的な仕事をしていることで

写真 46　アホウドリのコロニー（ハワイ諸島レイサン島、1936 年 12 月、撮影：朝枝利男、国立民族学博物館 X0078553）

ある。たとえば、一九三二年一〇月一七日から二〇日にかけて開催された第五〇回アメリカ鳥類学者連合では写真展があわせて行われていたが、朝枝はそこで鳥類の写真を展示していた（Palmer 1933：69）。また、朝枝が生涯のあいだに残した書き物のなかで、一番学術的な色彩が強いのは、ガラパゴスの鳥に関する論考なのである。それは『植物及動物』という雑誌に「生物学資料」として掲載された「進化論を語るガラパゴスの鳥類」である。論文では、朝枝自身が撮影した鳥の写真とども、ガラパゴスに生息する鳥の種類と生態が紹介されている（朝枝 一九三八）。

五　そのほかの動物たち

†シャレ者だが御面相が悪いイグアナ

今日ガラパゴス諸島にいる動物として世間に一番知られているのは、ガラパゴスゾウガメやイグアナであろうか。しかし朝枝はゾウカメとの遭遇には恵まれなかったようだ。「私達一行は此の群島に六十一日滞在したのだが、その間に只四匹だけ小さな子供亀を見ただけに過ぎなかった」（朝枝一九三三b：三二七）ということである。実際に写真はあまり残されておらず、目に付くのは生まれたばかりの子亀がザカ号の甲板をはいずりまわる姿くらいである。大型のガラパゴスゾウガメはみつからず、人間の乱獲にあったためいまではほとんど絶滅の危機にあるとまで述べている（写真47）（朝枝一九三三b：三二七）。大型の亀の写真は、オオウミガメがあるだけだ。

それに比べてイグアナとの接触は愉しんでいた。イグアナにはリクイグアナとウミイグアナがいる。前者については日本のトカゲのように雑草のなかを動き回っているが、「頭は橙色、首は黄色又は白、背と尻尾は黒褐色、腹が橙色といった賑やかな色彩のシャレ者」だという。「但しこのシャレ者君甚だ御面相が悪い」と朝枝は手厳しい感想を述べた後、彼らがある程度の危

写真 47　ガラパゴスゾウガメの子供（サンタクルス島、1932 年 5 月 12 日、撮影：朝枝利男、国立民族学博物館 X0076097）

写真 48　ガラパゴスリクイグアナの顔（バルトラ島、1932 年 6 月 10 日、撮影：朝枝利男、国立民族学博物館 X0076295）

機が迫るまで逃げ出すことをせず、いざとなると穴に逃げ込み、さらに追い詰めると逆に襲ってくると観察を記している（朝枝一九三三b：三一七）（写真48）（口絵、カラー図版5）。

後者のウミイグアナについては、イサベラ島のその名もイグアナコーヴにて彼らのコロニーをみている（写真49）。入り江の岩盤は、ウミイグアナの糞で白く光るほどであったという。朝枝はウミイグアナの大群を目にすると、「小舟で岸近くまで漕ぎ寄せ、岩角によじ登って思う存分の写真を撮った。あまり人におじない。年効を経たらしい雄になると、近寄って行ってもまるで逃げるどころか、時々鼻穴からフツフツと鼻水を吹き飛ばせて吾々を威嚇した」。さらに、朝枝は尻尾をつかんでつるし上げてみたところ、あばれるもののかみつかないことを興味深げに観察している（朝枝一九三三b：三一七）。干潮時は海中に潜り海藻をおなかいっぱい食べ、その後は岩の上で悠々とひなたぼっこする彼らののどかな姿を気にいったのだろうか、朝枝は「シーイグアナ君」と、親しみを込めて紹介している（朝枝一九三三b：三一八）。

ガラパゴス諸島にいるのは、何も珍しい動物だけではない。朝枝はありふれた動物との出会いも愉しんでいたようだ。その様子がわかる例をいくつか取り上げたい。まずはガラパゴスアシカである。フェルナンディナ島北東部にて、親子でたたずむガラパゴスアシカをみつけた朝枝は、おそらくそのほほえましさもあってであろう、近づいて撮影を試みた。しかし逆に威嚇され、朝枝は思わずカメラを落としそうになっている（朝枝利男日記五月三一日）（写真50）。サンティアゴ島サリバン湾では、タコに追いかけられている。

写真 49　ウミイグアナのコロニー（イサベラ島イグアナコーヴ、1932 年 5 月 23 日、撮影：朝枝利男、国立民族学博物館 X0076142）

写真 50　ガラパゴスアシカの親子（フェルナンディナ島北東部、1932 年 5 月 31 日、撮影：朝枝利男、国立民族学博物館 X0076221）

此ノタコハ私ノ後ヲ追ツテ来タリ穴カラ飛出シテlava［溶岩］ノ上ニ這ヒ上リ追ツカケスルノデ岩ヲ投ゲテ殺シタモノ。小サイクセニ生意気ナコトヲスルモノト思ツタ（朝枝利男日記六月一四日）

生意気と形容するあたりに観察を楽しんでいる様子がうかがえないだろうか。なおこのタコがクロッカー隊の胃袋に収められたのかは記録に残っていない。

朝枝利男はクロッカー探検隊に参加する前に、小説家ゼーン・グレイと太平洋旅行の旅に参加していた。その際には、ゲームフィッシングに熱中するグレイに付き合い、大型魚類を釣り上げる勇姿を撮影し、魚の記録をとるということをしていた。しかしクロッカー隊においては、大型魚類の釣果の記録を狙っていた形跡はない。ただし、何度か大物を釣り上げたことがあったようだ。

一例として、五月一九日のフロレアナ島ブラックビーチにおけるサメ釣りをみたい。同日の夜に、同僚のモーリス・ウィロウが巨大なサメ釣りに成功している。翌二〇日の午前中は、サメを浜に引き上げるために費やされた。釣果としては、全長一五フィート（約四・五メートル）、体重一二七四ポンド◇8（約五七三キロ）に及んでいた（写真51）。朝枝は記録としてザカ号の脇に吊り上げられた姿から、陸に引き上げられ、解体されて計測される様子までフィルムに残されている。なかにはサメの歯をかかえる隊長クロッカーの姿も見受けられる（写真52）。

写真 51　釣り上げられたサメ（フロレアナ島ブラックビーチ、1932年 5 月 20 日、撮影：朝枝利男、国立民族学博物館 X0076128）

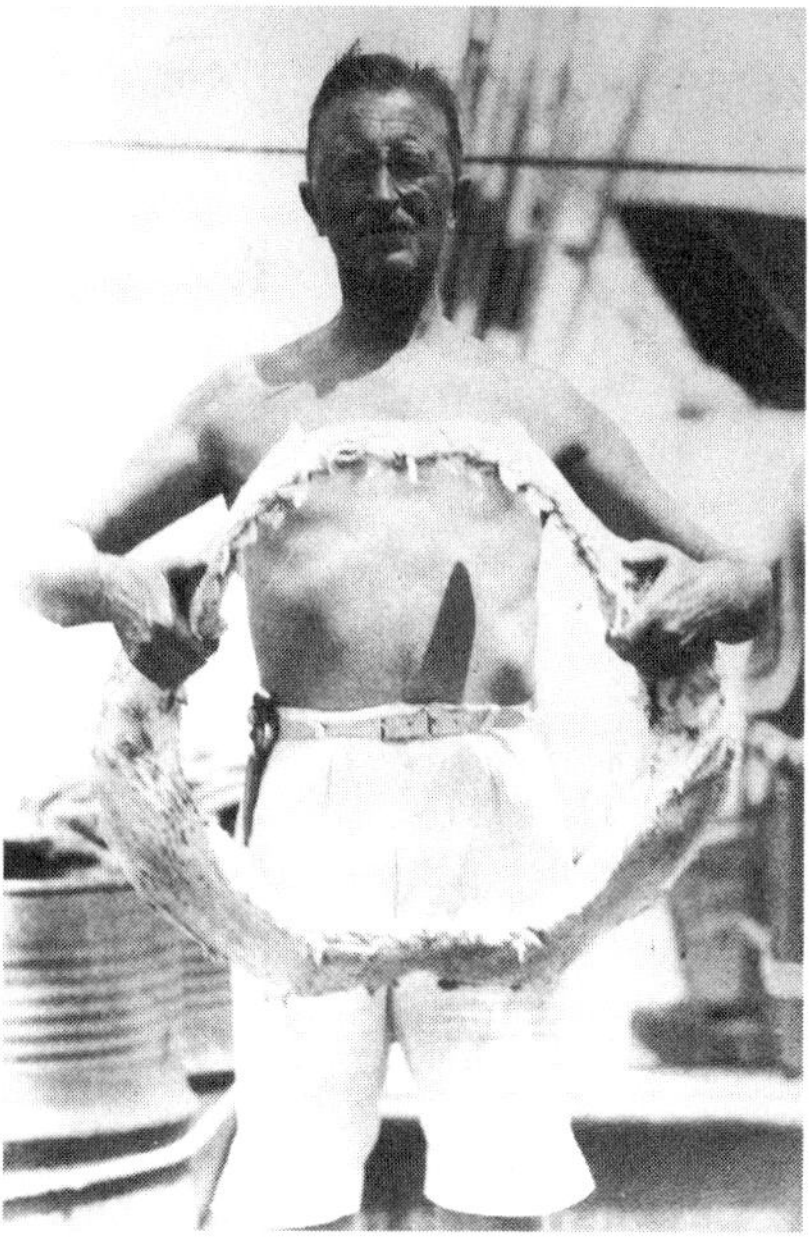

写真 52　サメの歯を掲げるテンプルトン・クロッカー（フロレアナ島ブラックビーチ、1932 年 5 月 20 日、撮影：朝枝利男、国立民族学博物館 X0076139）

六　日本へのガラパゴスの紹介

†同時代的ルポルタージュ

ところでこれまで紹介してきた朝枝の探険は、同時代の日本でどのように受け取られたのだろうか。本書冒頭で触れたように、朝枝の活動自体がいまではほとんど知られていないものであり、日本とガラパゴスとのかかわりという点でも例外的な初期の出来事とされるのがつねであった。ところが筆者の調査によると、朝枝のガラパゴス探険は――実際のところガラパゴス諸島以外の訪問先の多くについても――、はやくも戦前においてほかならぬ朝枝自身の手で紹介されていたことがわかっている。これまでの本書の記述自体、そうした彼の原稿を大いに参考にして書かれている。朝枝の存在は、むしろいつのまにか忘却されたという側面もあるのだ。本章の最後として発掘された朝枝のガラパゴス探険記を紹介しておく。

一番古い朝枝のガラパゴス体験記は、一九三二年八月一一日の東京朝日新聞における記事である。題して、「無人境ガラパゴス――科学探検記」（図8）。連載は、八月一三日まで三日連続で掲載されている（朝枝 一九三二a、一九三二b、一九三二c）。内容は彼のガラパゴス見聞記であり、本書でこれまで紹介してきたことと重複するので割愛したい。注目したいのは、刊行された日時である。一九三二年の八月というと、クロッカー隊はガラパゴス探険を終えアメリカに帰途の途上でメキシコにいた時期である。朝枝は、いつ頃この記事を執筆したのだろうか。

連載最後の箇所で「我々は明朝早くコスタリカ国パンタ・アレナス湾に入る予定である」（朝枝一九三二c：一〇）とある。朝枝の日記と照らし合わせるとコスタリカのプンタアレナスに到着するのは六月二二日のことである。そこから、執筆時期を六月二一日あたりと推測できる。クロッカー探検隊がガラパゴス滞在を切り上げたのは、六月中旬であったことを考えると、ガラパゴス諸島から出港直後にザカ号の船上で書き上げて、何らかの方法で日本まで寄稿したと思われる。別言すれば、これらの一連の朝枝による記事は、ほぼガラパゴス探険と同時に進行

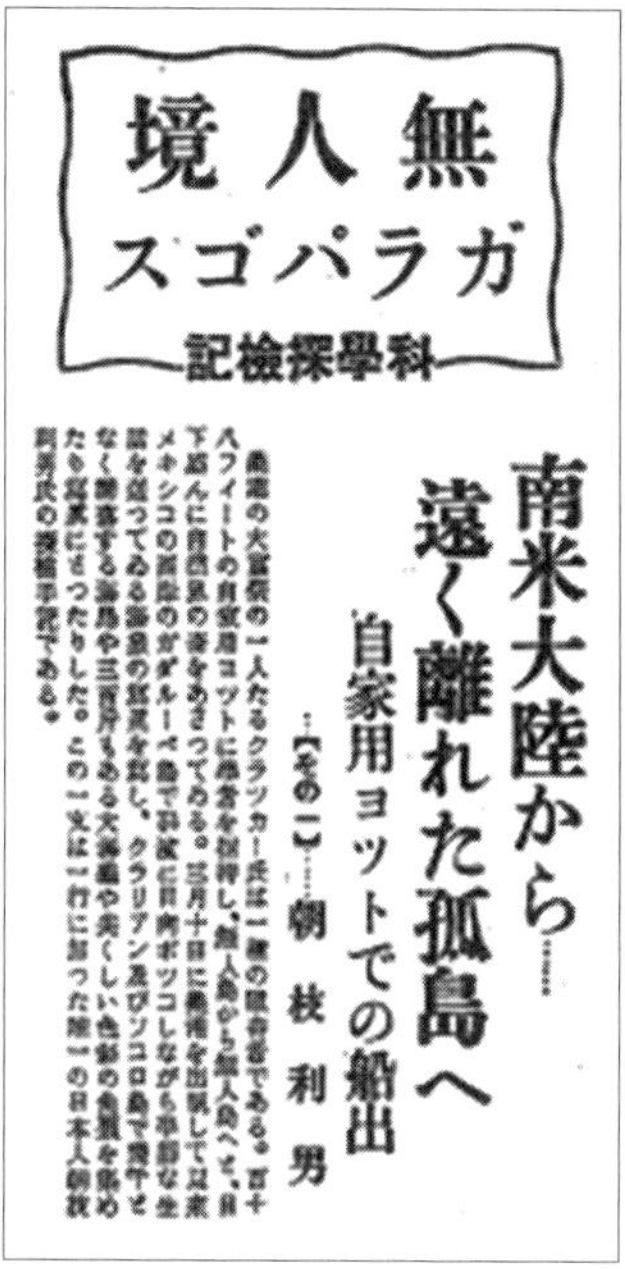
無人境
ガラパゴス
科學探檢記
南米大陸から……
遠く離れた孤島へ
自家用ヨットでの船出
朝枝利男

図8　「無人境ガラパゴス―科学探検記」連載第1回（東京朝日新聞、1932年8月11日朝刊、8頁、国会図書館所蔵）

するドキュメントとしてあったのだ。

いまとなっては、どういった経路で日本の新聞社が朝枝という在米日本人のガラパゴス訪問に目を付けたのかわからない。あるいは記事は、朝枝側から企画として持ち込んだのだろうか。しかしながら紙面に掲載されているからには、朝枝のガラパゴス探検への参加に報道する価値を認めていた人がいたことは間違いない。なお連載初回のリードに「一行に加わった唯一の日本人朝枝利男氏の探検手記である」（朝枝 一九三二a：八）という文言こそあるが、これらの記事には「日本人最初のガラパゴス訪問」に類する言葉は出てこない。朝枝も記事を掲載した媒体も最初の日本人かどうか確認がとれなかったのではないだろうか。あるいはそもそもその点には、関心がなかったのかもしれない。

朝枝のガラパゴス探険についての同時代的な紹介は、実は、この新聞記事に留まらなかった。探検の翌年にあたる一九三三年に刊行された『新青年』六月号において、朝枝は「無人島探検記」というさらに詳細にガラパゴスを紹介するエッセイを掲載している（図9）。エッセイは連載として翌月号以降も続けられ、合計四本の記事が発表されている（朝枝 一九三三a、一九三三b、一九三三c、一九三三d）。『新青年』は、大正時代に博文館より創刊された青年向け雑誌で、探偵小説に力を入れて著名な作家を生み出したことで名高い（新村 二〇一八：一五一四）。そうした雑誌の片隅に朝枝は活躍の場を見出していた。

こちらの雑誌連載も新聞記事同様、探検の終了後それほどまをおかないで筆を執られたものと推測できる。クロッカー隊がガラパゴスから帰還して再びアメリカに到着したのは一九三二年九月一日であった。そのあと半年ほどの休みを挟んで一九三三年三月二日より、朝枝を含めたクロッカー探検隊は、ソロモン諸島に乗り出している。おそらく朝枝はアメリカに帰国した期間（一九三二年九月から三三年二月）に探検記を執筆したのではないだろうか。いずれにせよ『新青年』に掲載された記事も、時を隔て書かれた回顧録ではない。むしろまだ記憶が鮮明な時期に筆を執られた記録なのだ。

図9　無人島探検記の第1回（『新青年』1933年6月号、315頁、国会図書館所蔵）

『新青年』の連載記事に関しては、図9の連載表紙で使用された写真も興味を引かれる。この写真はガラパゴス諸島フロレアナ島ブラックビーチにて撮影されている。ヘビースモーカーであった朝枝は愛用のパイプをくわえながら、右手を腰に当てポーズを決めている。背景に山を見据えた構図といいこうした探検記に使うことを企図して、朝枝があらかじめ撮影していたとしても私は驚かない[◇9]。なおほぼ同型の構図でクロッカー探検隊の同僚であったガッセ・レーヌが撮影された写真が残されている◇10。彼は無線電信技師でカメラマンでもあったので、この見栄えのする朝枝の肖像写真をとったのは彼だったのかもしれない。せっかくなので本書の表紙にもこの朝枝の写真を使わせていただいた。

朝枝がガラパゴスを訪問し滞在記が公表された一九三二年とは、彼が日本を離れてからちょうど一〇年目にあたる。かつての朝枝の教え子は、彼の探検記に目を通すことはあったのだろうか。もしそうした人がいたのであれば、あの朝枝先生がガラパゴスに到達したのかと喜んだに違いあるまい。

朝枝のガラパゴス探険は日本とガラパゴス関係史の孤絶した例であるのは事実であろう。しかしこれらの発掘された記事からうかがえるのは、彼の残した遺産が現在に継承されなかったのは、これら一連の記事が忘却のかなたに置き去りにされたからにほかならないということである。惜しむらくは、生前に写真と水彩画をふんだんに使った「ガラパゴス探検記」が刊行されなかったことであろう。一冊にまとめられていれば、彼の知名度は高まり、今日までひろく知られていたに違いない。

◇註

1　カリフォルニア科学アカデミーの定期刊行物（*Proceedings of the California Academy of Sciences* Fourth Series Vol. XXI, 1933-1936）に所収の論考を参照。

2　Toshio Asaeda (1893-1968), "Perdix cardinalfish #1 (Apogonichthys perdix)," California Academy of

Sciences, accessed January 27, 2024, https://calacademy.omeka.net/items/show/379.

3 本節の旅の行程については朝枝利男のアルバムのメモに大いに依拠している。参照文献等を付してはいないが、各写真のXからはじまる資料番号から、本稿の記述の根拠を確認することができる。

4 第二次大戦のエピソードは、国立民族学博物館の朝枝利男コレクションのデータベース作成時に特定非営利活動法人日本ガラパゴスの会の奥野玉紀氏よりいただいたコメントをもとに記述している。

5 この段落は朝枝利男のアルバムの写真（X0078169、X0078166）に付された文言を参照に記述している。

6 写真は、アメリカ自然史博物館のアーカイブス資料から転載した。

7 ただし朝枝利男コレクションには六月四日に撮影されたフラミンゴの写真がある（X0076256）。別の人が撮影したものがコレクションに含まれているのか、朝枝の記憶違いや記載ミスの可能性もある。

8 この数字は同日の朝枝利男日記に依拠している。写真51に付されたデータでは、八〇〇ポンドとなっている。

9 国立民族学博物館 X0076115。

10 国立民族学博物館 X0076116。

第四章　太平洋を駆け抜ける

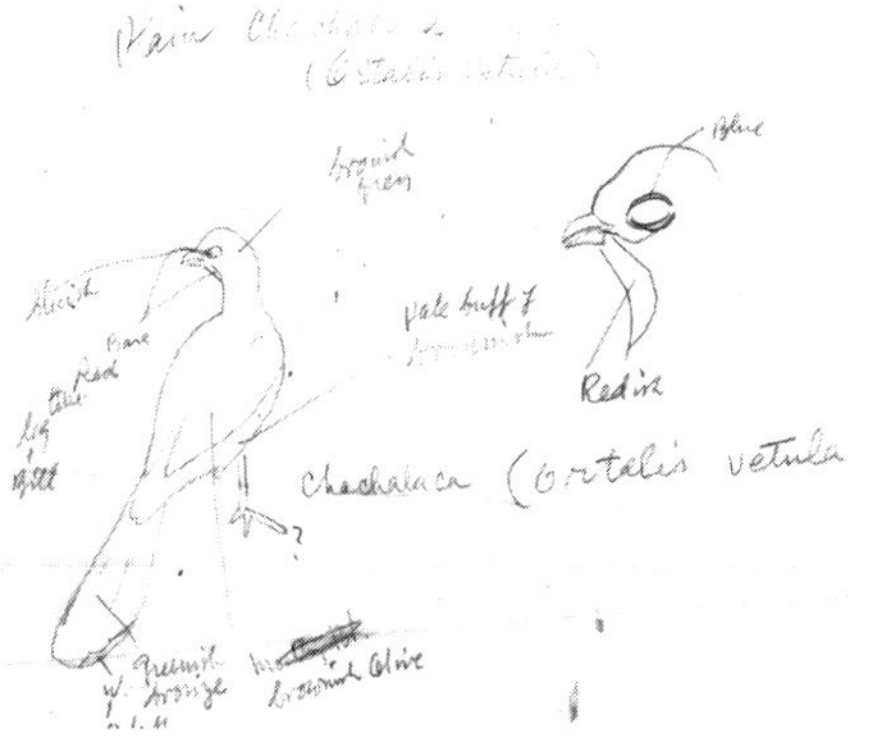

一　ピトケアン島を経てイースター島にて神秘の中心を味わう

これまで朝枝利男のガラパゴス探険について紹介してきた。たしかにガラパゴス訪問は朝枝にとって画期をなした体験であった。一方で訪れた場所という視点からするとガラパゴスは朝枝の航路全体のほんの一部に過ぎないこともまた事実である。実際に彼が足を踏み入れた場所は、太平洋の無人島までの全域にひろがっている。彼は戦後にカリフォルニア科学アカデミーにて自身の探検歴を回顧する写真展「太平洋の人跡未踏の地を行く」を開催している(California Academy of Sciences 1949b : 4)。タイトルが示唆するように、彼はそれまで人があまり訪れていない場所に出かけていたのであった。結果として朝枝は、一九三〇年代という時点で太平洋の各地に足を踏み入れた希有な日本人となったのである。

本書にとってはまことに残念なことに、朝枝があまりにさまざまな場所に行きいろいろな体験をしているため、とてもすべてを紹介することはかなわない。そこで本章では、朝枝のガラパゴス諸島以外の訪問先のなかから選りすぐり、イースター島[◇1]（ラパヌイ）とソロモン諸島への渡航をとりあげたい。イースター島といえばモアイ像の建ち並ぶ神秘的な島としてひろく知られている。誰がどのようにモアイ像を建てたのか、またそうした像を建立した文明はどうして消滅したのか。鳥人伝説からいまだに解読されていないロンゴロンゴという文字の存在など人々の好奇心をかき立てる話題に事欠かない。朝枝は博物館資料の収集のためにこの神秘の島に立ち寄り、興味深い体験をしている。

もうひとつはソロモン諸島である。朝枝の太平洋諸島の各地での滞在期間は、数日程度と比較的短い傾向があった。そのなかでソロモン諸島は例外的に長期にわたり滞在して、多くの記録を残している。国立民族学博物館所蔵資料のなかでもゼーン・グレイの旅の際に長期滞在していたフランス領ポリネシアや二度訪問したガラパゴスを除くと一番写真が残されているのは、ソロモン諸島である。朝枝は一体ソロモン諸島の地で何をみたのだろうか。本章でみていきたい。

†クロッカー隊のイースター訪問

クロッカー探検隊がイースター島に訪れたのは、アメリカ自然史博物館と共同で行った探検の途次であった。この探険は、「東ポリネシアへのアメリカ自然史博物館のテンプルトン・クロッカー探検」とよばれ、一九三四年九月一五日から一九三五年四月一六日にかけて行われた。クロッカー隊による太平洋探険としては、三回目にあたっている。

イースター島は、太平洋のなかでも南アメリカ大陸のそばに位置する孤島で、いまではチリ領となっている。一七二二年にオランダの探検家ヤーコプ・ロッヘフェーンがイースター(復活祭)の日に上陸したことから、イースター島と呼ばれるようになった。

イースター島の名前を世界に知らしめているのは、その謎の多い歴史と神秘的なモアイ像の存在だろう。この絶海の孤島にいかに人類が定住するようになり、奇妙な像を造る社会を築き、そして衰退していったのだろうか。朝枝の手によるイースター島関連の記事も「南太平洋上の秘境――イースター島探見記」と題されている。そしてそのリード文では、エジプトのピラミッドからマヤ、インカ、メソポタミアの遺跡など名だたる人類の巨大遺跡に並ぶ存在として位置づけられている(朝枝 一九三八)。やはり秘境における神秘的な島と認識されていたのだった。

このイースター島の「文明」の起源をめぐってはかつて南米大陸説が提唱され、人口に膾炙したことがあった。唱えたのは人類学者トール・ヘイエルダールである。彼は一九四七年にペルーからコンティキ号による実験航海に乗り出し、南米大陸から太平洋のポリネシアへの航海が可能であることを証明しようとした。彼のイースター島南米起源説は、その後の言語学・考古学の研究の蓄積によって否定されているが、その壮大な仮説と実験航海は、いまでも人々を引きつけてやまない魅力に満ちている(秋道 一九八七：七四―七五)。クロッカー探検隊に参加した朝枝は、この探検におよそ一〇年以上先駆けてイースター島に足を踏み入れていた。

†ピトケアン島を通過

クロッカー探検隊が、イースター島に訪問したのは、一九三四年の年末から正月にかけてピトケアンで過ごした直後である。朝枝は、「正月一日モ静カナモノデアル。今後Ducie［デュシー］ハ無人島。Easter［イースター］ハチリ語ナノデ物語ルコトモナク安楽デ良イトホット一息スル」（朝枝利男日記一月一日）と述べている。デュシーとはピトケアン諸島のなかの無人島のことだ。クロッカー探検隊はこの島に立ち寄り鳥類に関する調査を行っていた。

クロッカー探検隊の一行がイースター島に向かう前にピトケアン島に滞在したのは、地理学上の理由がある。イースター島からもっとも近い人間が居住している島こそピトケアンなのだ。それでも二千キロ近く離れている。南米チリの海岸からに至っては四千キロの距離がある。イースター島とはまさに絶海の孤島に位置しているといえる（片山一九九一：四八）。

ところでこのピトケアン島、実は太平洋史のなかでは突出して風変わりな背景をもつ島である。イースター島に進む前に、寄り道となるが折角なので触れておきたい。先の朝枝日記の文面を読み解くにはもう少し説明が必要となるからでもある。ピトケアン諸島にあるピトケアン島はいまでもイギリス領に属する太平洋上にある。そもそも無人島であったこの島[◇2]に人が住むようになったきっかけには、戦艦バウンティ号の反乱と関係している。バウンティ号とは、ブライ艦長率いたイギリス海軍の軍艦であった。彼は太平洋の地理学上の発見を完成させたことで名高いクック船長の第三回の太平洋航海にも参加していた腕利きの船乗りであった。しかし王立協会の要請からパンノキ[◇3]を採取するためバウンティ号を率いて太平洋諸島に向かった際に、反乱が起きた。

　反乱のきっかけには何があったのか。巷間に知られるブライ艦長の過酷な処罰が反発を招いたという説をはじめ議論百出している。そうした諸説はバウンティ号事件に関する謎解き本に任せて帰結のみ述べると、反乱を成功させた後、フレッチャー・クリスチャンを中心とする反乱者側の乗組員の一部は、タヒチ人の男女を連れてバウンティ号にてピトケアン島に向かい、そこで新たな生活の地を立ち上げるに至ったのである。これが今日のピトケアンのドラマティックな起源である。反乱を起こした水夫とタヒチ人女性を祖先とする混血した人々が生活する小さなコミュニティとして生まれ変わったこの島は、現在では、太平洋上のイギリスに属する小国となっている。◇4 日本でこそ知名度はひくいが、ブライ艦長とバウンティ号の反乱は、海外では幾度も映画化され、関連する書籍が陸続と刊行されている有名な事件である。

　クロッカー探検隊が訪問した時点でも、こうした歴史的事件に関する記憶や結びつきは依然として島の人々のあいだで共有されていた。朝枝はピトケアンのなかでコミュニティの遺産として保存されていたバウンティ号の舵の写真を撮影している。四人の屈強な男性にとっても大変な重さであったという（写真53）。反乱の指導者の一人であったフレッチャー・クリスチャンの直接の子孫パーキンソン・クリスチャンと彼の家族の写真も残されている。写真54の右端で孫を膝に乗せるのがパーキンソン。その左側が順に彼の母と妻。後列は右から彼の娘とその夫が並んでいる。朝枝らクロッカー隊の訪問時にはパーキンソン・クリスチャンがピトケアンコ

写真53　バウンティ号の舵（ピトケアン島、1934年12月23日～翌年正月、撮影：朝枝利男、国立民族学博物館 X0077825）

写真54　クリスチャン一家（ピトケアン島、1932年5月30日、撮影：朝枝利男、国立民族学博物館 X0077852）

ミュニティの指導者であった（写真54）。

ピトケアンは、こうした特殊な事情のもと形成された社会であるため、西洋的な影響が強い場所といえた。朝枝を含めたクロッカー隊の一行が一九三四年の年末年始にこの島で過ごすにあたり、ピトケアンの人々からパーティーに招待された。西洋社会から遠く離れた太平洋の島のなかで、ヨーロッパ風の衣装を身に纏い、欧風の食事を供された訳であった。伝統的なポリネシア式の食事を楽しみたかったというのがアルバムにおける朝枝の言である（写真55）。本項最初に引用した朝枝日記にイースター島ではピトケアンと異なり「チリ語」の社会なので気楽だったとあったのは、こうした理由からだろう。

朝枝のアメリカでの生活は、はや一〇年を過ぎていた。在米日本人コミュニティに属していたというよりは、アメリカ社会に直に入りこんで仕事をしていた朝枝利男にとって、そうした欧風の慣例や英語での日常生活に苦労を感じていたとは思えない。しかし、それでもピトケアンでのヨーロッパ系との混血の人々による社交の場に加わるのは、気疲れがあったのかも知れない。こうした若干の迂回をはさんで、いよいよクロッカー隊の乗り込むザカ号はイースター島に向けて舵を切ったわけである。

†イースター島に到着

クロッカー探検隊がイースター島に到着したのは、一九三五年一月一三日であった。上陸は

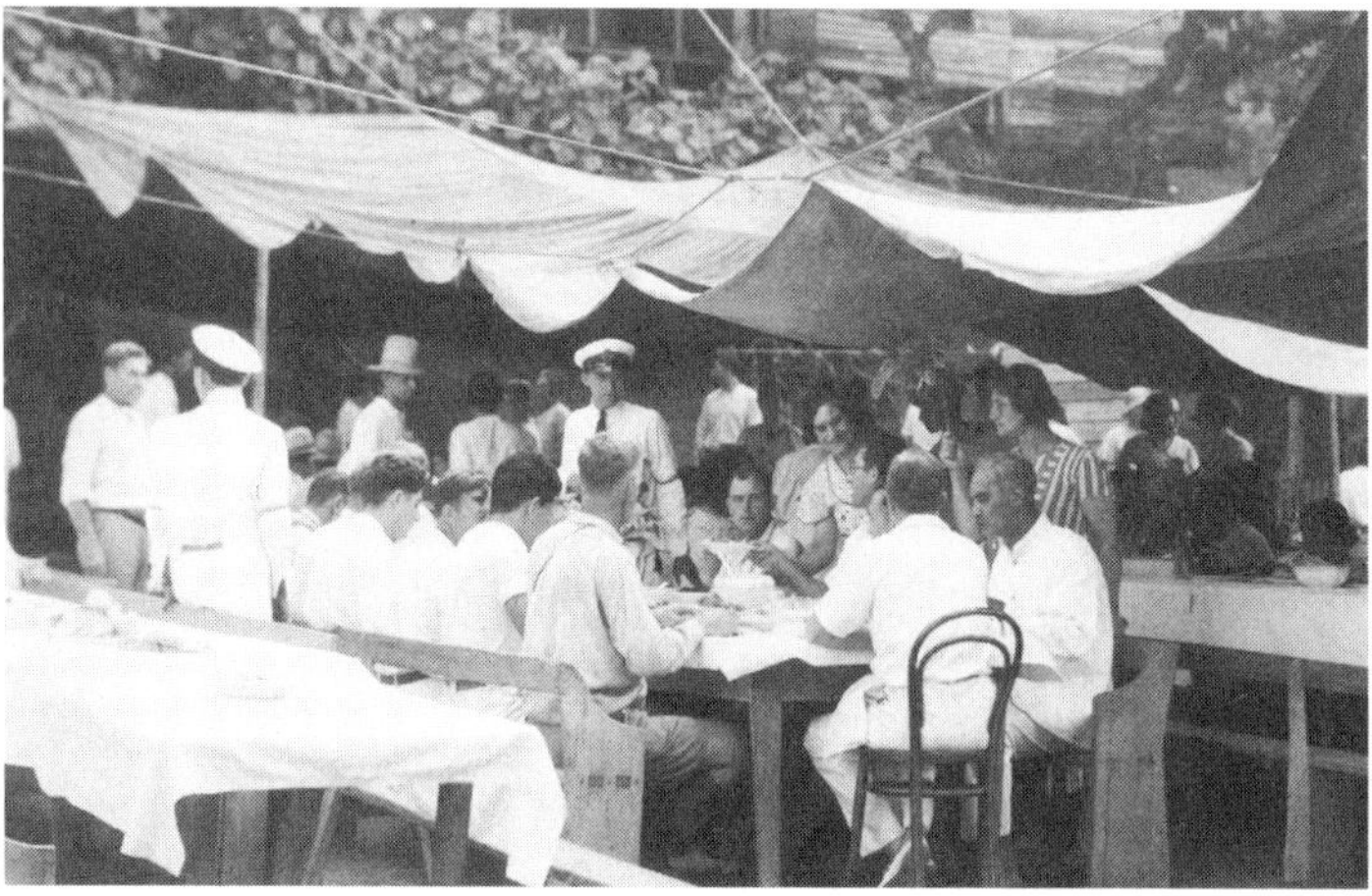

写真 55　教会広場におけるクロッカー探検隊の歓迎パーティー（ピトケアン島、1934年 12 月 23 日～翌年正月、撮影：朝枝利男、国立民族学博物館 X0077814）

その翌日である。仕事を終えてイースター島を後にしたのは一月一九日なので、滞在期間は一週間弱に相当した。朝枝は、太平洋の島々の人や自然の写真を撮影したり、魚類の標本の作製や水彩画を描くことを通常の業務としていた。しかるにイースター島での朝枝のミッションは、かなり異色のものであった。一番の任務は、モアイ像の複製を製作して、アメリカに持ち帰ることにあったのである。

当時改装中であったアメリカ自然史博物館は、新展示場においてモアイ像を設置する予定であった。モアイ像の大きさや重さを考えると大変な困難が予想されたが、朝枝自身は、比較的気楽に構えていたようだ。上陸直前に船中でしたためた日記の一節によると、なかなか人が実見できないようなイースターの火口のなかにテントをはって、滞在することを

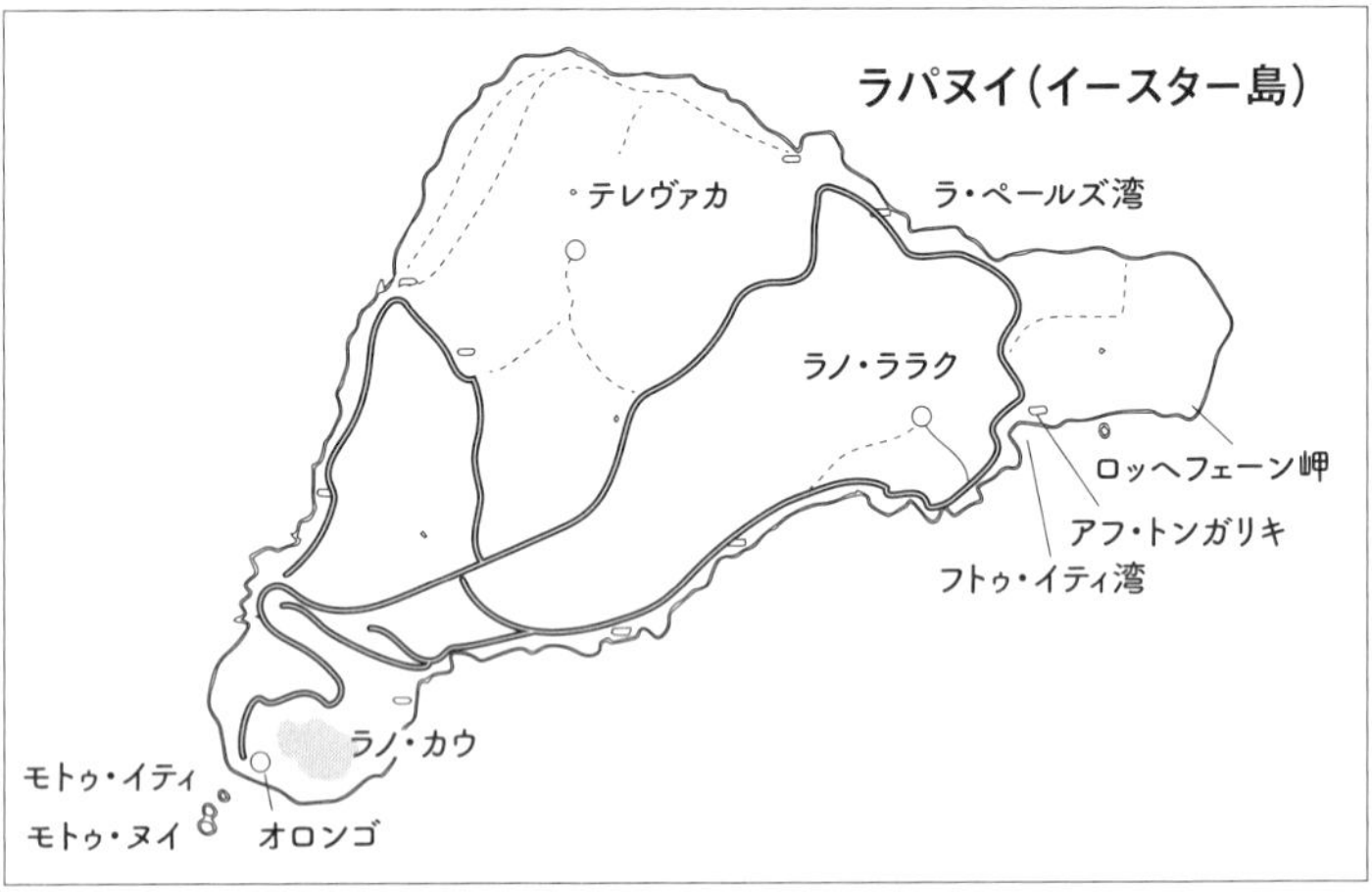

地図3　イースター島の地図（地図〈Delsing 2015：6〉をもとに製作）

楽しみにしている（朝枝利男日記一月一二日）。

時間も限られていたからであろう上陸日である一四日には、さっそく型取りを行う場所まで移動している。午前九時に船で出発、道中は、朝枝の目を楽しませるイースター島の景観が続いていた。人間の体の大きさをはるかにこえたモアイ像が並ぶ景観は圧巻であったようだ（写真56）。先を研がらせて立つモトゥ・イティ島に目を引かれた。それに並びイースター島の南西の端に位置する崖と火山ラノ・カウ、その手前にある鳥の糞で白くなったモトゥ・ヌイ島（写真57）を写真に収めている。写真57の上の端には、石からなる遺跡として有名なオロンゴが位置しているという。船で東に進むと丘のあたりで山火事を目撃して、樹が一本も生えていないこと、火山丘が所々にあることに強い印象を受けている。作業場所であるラノ・ララクには、

写真 56　モアイ像を見上げる（イースター島ラノ・ララク外側、1935 年 1 月 14 日～19 日、撮影：朝枝利男、国立民族学博物館 X0077920）

写真57　南側からみたラノ・カウとモトゥ・ヌイ島（イースター島、1935 年 1 月 14 日～ 19 日、撮影：朝枝利男、国立民族学博物館 X0077903）

写真58　フトゥ・イティに到着するクロッカー隊の一行（イースター島、1935年1月14日～19日、撮影：朝枝利男、国立民族学博物館 X0077902）

船の上からでもモアイ像がみえたようだ（地図3）。

周りの景観に目を楽しませながら移動して、昼過ぎの一時頃にフトゥ・イティに到着した（写真58）。火山に関心のある朝枝は、さっそく溶岩流に目をとめている。その際に近くにあるロッヘフェーン岬に寄っている。ロッヘフェーンとは、今日イースター島と呼ばれるきっかけとなった探検家の名前で、この岬は彼にちなんで名付けられていた。

このような経路をとって朝枝はアフ・トンガリキに到着した。アフとは祭壇を意味する。アフ・トンガリキはイースター島で最大のアフが存在する場所である。一九九〇年代に考古学者により修復され、いまでは一五体のモアイ像が祭壇の上に建ち並ぶ絵になる景観を提供している。しかし、朝枝が足を踏み

写真59　アフ・トンガリキ（イースター島、1935年1月14日〜19日、撮影：朝枝利男、国立民族学博物館 X0077905）

入れた時点では、いまと状況がことなっていた。モアイ像は、海に向かって顔面から倒れ込み、破片がそこかしこに散らばっていたのである（写真59）。そのかわり像の手までしっかり目視でき、それまで確認できなかった耳たぶの穴を実見したことを喜んでいた（朝枝利男日記一月一九日）。

石膏を取るラノ・ララク火口内に到着した朝枝たちは、石膏に必要な真水を求めて湖畔にテントを張った（写真60）。ラノ・ララクには、立像一五体のほか、倒れたもの壊れたもの、つくりかけのものを含めると多数のモアイ像があった。地図を製作しながら周りの様子をあわせて記録している（地図4）。朝枝は「最も代表的な顔付を有し、最も昔の彫刻を保存した、且余り大きくない像」のなかから、作業場所であるテントに近くて、淡水を

写真 60　朝枝たちの滞在したテント（イースター島ラノ・ララク外側、1935 年 1 月 14 日～ 19 日、撮影：朝枝利男、国立民族学博物館 X0077935）

地図 4　ラノ・ララク近辺の地図（1935 年 1 月 14 日～ 19 日、撮影：朝枝利男、国立民族学博物館 X0077918）

写真61　朝枝が型取りに選定したモアイ像（イースター島ラノ・ララク内、1935年1月14日〜19日、撮影：朝枝利男、国立民族学博物館 X0077948）

運び込むにも便利なモアイ像を苦労して選定したという（朝枝一九三六：五一）（写真61）。高さ一一フィート、胴囲一六フィートであったとアルバムにはある。モアイ像には番号（#22）が付けられた。地図4からは、テント、型を取ったモアイ像（#22）及び水を汲んだ泉のそれぞれの位置がみてとれる。

二　モアイ像の複製をつくる

†困難を極めた型取り

モアイ像の複製をつくる作業には、相応の準備が必要であることは想像できる。しかし意外なことに、モアイ像を持ち帰る方法自体がアメリカ出国後に決定されていた。朝枝の日記の情報が正しいのであれば、そもそも石膏を使用して型を取るというアイディアが、朝枝がザカ号の船中で発案した模様である。実際、必要な石膏は、クロッカー探検隊がタヒチの港に停泊した際に購入していた。

Mr. Rosen［ローゼン氏］トイフ彫刻家ニ会ツタノデ二度博物館デ試験シタEaster I.［イースター島］ノTiki［ティキ］ノCasting［型取り］ハplaster［プラスター、石膏］ヲスルコトニシタ。但シR氏カラ60lb。船ニ50lb当地デ100lb買ヘタガ不足ラシイノデモウ少シconcrete［コンクリート］用ノcement［セメント］ヲ買テ行クコトニシタ。Dr. Sh［シャピロ博士］ハ余リ興味ヲ持タナイガク氏［クロッカー氏］ハ乗気デ自分ガ好キニナツタラシイ。器用ナ男ダト男［sic, 思?］テ居ルニ違ヒナイ（朝枝利男日記一一月一〇日から一一月一九日)。

ローゼン氏という彫刻家は、文脈から一九三三年から一九三七年までタヒチに滞在していたハリー・ロージン(Harry Rosin)のことだろうか。ともあれイースター島に着くおよそ二月ちかく前にタヒチで型を取る方法に思い至っていることがはっきりわかる。なお文中のティキとはポリネシアの各地の神話にでてくる神や神的な存在をさす言葉であるが(Craig 1989：280-281)、朝枝の日記のなかではモアイの意味で使われている。

引用文の末尾も興味深い。クロッカーが自分に好意をもち、器用な男と認識しているとわざわざ書き込んでいるあたりに、これまでに培ってきた隊長との関係に対する朝枝の密かな自負と嬉しさがうかがえよう。実際のところクロッカー隊に入った当初は、金満家で酒乱の気があったクロッカーに彼我との違いを感じるばかりで、内心では反発まで抱いていたこともあった朝枝であった。この頃には随分打ち解け、気心が知れていたことがみてとれる。

ところでモアイ像の型取りであるが、楽ではないどころか困難を極めた。理由のひとつは、何より作業する環境の悪さにあった。まず、イースター島では日中の日差しが相当強かったことが指摘できる。一月一五日の記録によると滞在していたテントの近くでは、「午後カラ日蔭ガナク120ニナル。日蔭デモ95ニナリ石塊ノ上デハ140ニモ居ル有様。煮エル様ダ。風ガナカツタラバ死ヌ程」とある。華氏で一二〇度ということは、摂氏五〇度くらい。厳密な数値を記載しているわけではないであろうが相当の暑さであり、日差しを遮るもののない屋外での作業では、仕事が進まなくても驚くにあたらない。さらに型取りの邪魔をしていたのが、あまたの虫たちだ。昼間は蝿が、夜には蚊が、雲霞のごとく襲ってきたという。あまりの環境の悪さに隊長クロッカーとビルは、テントでの滞在を早々に切り上げ、なんと朝枝を置き去りにしたまま翌一六日にはザカ号に戻っているほどであった。

型取り自体も楽ではなかった。「暑イ中ニ statue［像］ノ上ニ乗テ右手デ釣下リ左手デ働クノ苦シイコト。筋肉ハ殆ンド絶力セントスル位。日光ノ熱ハ烈シクテ裸体デモ居ラレズ shirt［シャツ］ヲキレバ尚暑イ」と八方塞がりである（朝枝利男日記一月一六日）。特に凹凸のあるモアイ像の顔面のあたりは、石膏はりつけに難儀した模様である（写真62）。それでも翌日には顔の左半分を残すのみとなり、一八日の午後五時に型取りを終えている。石膏二六〇ポンド（約一一八キロ）使い、完成した型は全部で七〇袋にのぼったという。かくして朝枝の慣れない仕事にはようやくけりがついた◇5（朝枝利男日記一月一七日、一八日）。

モアイ像を欲しがっていたアメリカ自然史博物館側の反応はいかがだったろうか。同館のスタッフは、朝枝の労をねぎらう言葉を残している。「煮えたぎる太陽のもと虫の雲霞に囲まれながら、トシオ・アセイダ氏は像の型を取るために何日も骨を折った。それぞれ注意深く番号を付されながら型は部分ごとに取られ、最終的には博物館に展示される」と、わざわざ朝枝の名前に言及しているほどである（Shapiro 1935：369）。ところで朝枝をこのように賞賛している

写真 62　石膏で型取るためにモアイ像にのぼる朝枝利男（イースター島ラノ・ララク火口内、1935 年 1 月 14 日〜 19 日、国立民族学博物館 X0077953）

のは、先の日記のなかで型取りに興味を示さなかったとけなされたシャピロ氏である。編集上のミスでなければ、彼はアセイダと名前を誤記している。二人の関係はさほど近くなかったことを思わせる。しかし展示場のオープニングに伴う謝辞の一環として多分に形式的な側面がなくもないとはいえ、朝枝の成し遂げた多大なる労力と貢献にわざわざ触れているのも事実だ。朝枝側の記述は彼の劣等感がやや顔を出した故といえようか。

楽しみにしていたはずの秘境イースター島のテント生活であったが、終わってみれば地獄のような六日間であった。後日刊行した探検記にも苦労が骨身に沁みたのであろう、「私が今迄の探見旅行で体験した最も苦しい、且《かつ》最も忙しい経験」

とまで記している（朝枝 一九三六：五二）。同行者は島の人に誘われてダンスに加わったりしていたが、朝枝はこの型取り作業に専心していた。型取りと写真や動画の撮影以外のことには、手を出す時間もなかったようだ。同胞人の子供がこの島にいると小耳に挟み興味を引かれていたものの、朝枝には確認する時間さえなかった。そうしたわけで、型取りが終わるやいなやイースター島からはやばやと立ち去ろうとするクロッカー隊には、不満を抱いたのもむべなるかな。朝枝としては、やはりもう少しゆっくりと火山湖や遺跡を見物したかったのではないだろうか。

もっとも後年回顧した際には、こうした苦労もよき経験へと昇華されていた。少し長くなるが、朝枝の感情がいきいきと伝わってくるので引用しておきたい。

しかし私はこの六日間の苦しかった事を、今ではもう苦痛と思い度《た》くない。何故ならばその間、私は人間社会から遠くかけ離れた神秘島の、而《しか》も神秘の中心で、その神経を心から味はったからである。私は今も尚あの火口壁の頂に腰を下ろして十五夜の白銀の光を浴びた下界を見下ろした晩の事を忘れる事は出来ない。遙か下界のフツイテ［フツ・イティ］上陸地から吹き上げる海風に誘われて流れ来る波の音、ゴーゴーというその波の響きは断崖に打当ってドードーと変りそれが私の両耳を掠《かす》めスーツと後の湖の方へと流れてゆく。連れの水夫はもう一日の労働に疲れてテントの中で静かに睡《ねむ》っている。案内の土人は昨夜真夜中に眼を醒ました時、明月に照らされた湖水の中心に幽霊を見たといって夕暮近

写真63　テント裏の景観。朝枝はここで美しい満月を眺めていた（イースター島ラノ・ララク内、1935年1月14日～19日、撮影：朝枝利男、国立民族学博物館X0077939）

く火口を下って上陸地の岩穴へ睡りに行ったので、天上天下今、この火口内には私と水夫と二人切りなのである。而かも水夫は死人の如くに深く睡っているのだ（朝枝 一九三六：五三）。

神秘的な自然環境を自分の体を通して心から味わうというういかにも朝枝利男らしい文章ではないだろうか。朝枝が満月を眺めていたテント裏側の景観の写真が残されている（写真63）。なお、案内人がみたという幽霊については日記にも書き込まれているので、イースター島体験記を公刊するにあたり朝枝が脚色したというわけではない。案内役を買ってくれていた「土人」が、実際にそうした報告を彼にしたのであろう。

文字通り朝枝の汗の結晶であるモアイ像は、

写真64　アメリカ自然史博物館のモアイ像と文化人類学者マーガレット・ミード（1969年、撮影：A. E. アンダーソン、アメリカ自然史博物館所蔵 334029）

一九三六年にアメリカ自然史博物館の入り口に設置された（Science News Letter 1936：83）。いまでは同館の太平洋の文化が展示されているマーガレット・ミード・ホールに置かれ、モアイ像は代を重ねているが型は依然として同じものが使われているという（写真64）。

このモアイ像については、もうひとつ紹介したいエピソードがある。実は、朝枝のモアイ像は、動き出してもいるのだ。二〇〇六年公開の『ナイトミュージアム』は、アメリカ自然史博物館を舞台にしたアメリカ映画である。ベン・スティラー主演でシリーズ化されて第三作まであるので、ご覧になった方もおられよう。話の趣向としては、夜になると博物館展示場に展示されたモノが動き出すということにある。アメリカ自然史博物館ということで、恐竜の骨や人形までが騒動を起こすというのが肝である。そのなかにほかならぬ朝枝のモアイ像も出演して、何やら意味不明な台詞を口にして主人公を煙に巻いているのだ。まさか朝枝も自分が製作に一役買ったモアイ像が後年このように動き、話しはじめるとは、夢にも思っていなかったであろう。

三　ソロモン諸島にて民族学の調査に協力する

†文化・社会の記録

朝枝利男の探険としてもうひとつ紹介したいのがソロモン諸島での調査である。朝枝利男は、太平洋のさまざまな場所を訪れている。博物館のプロジェクトの一環として探検することが多く、動植物や自然環境が被写体に選定される傾向があった。そのなかで例外的に、社会や文化の事象を集中的にフィルムに収めているのがソロモン諸島だからである。

ソロモン諸島は第二次世界大戦に際して、日本軍とアメリカ軍が血みどろの戦いを繰り広げた地域として、日本人には記憶されていよう。朝枝が訪れた一九三〇年代は、いまだそうした凄惨な出来事が起きる前の平穏な時期である。朝枝は、幸運なタイミングで訪問できた。

朝枝がソロモン諸島に足を踏み入れたのは、クロッカー隊の二回目の探検に際してである。パルミラ、クック諸島、サモア、フィジーなどに立ち寄りつつ、一九三三年三月二日から九月一五日までのあいだソロモン諸島を巡航した。

ソロモン諸島への入国は、五月五日にサンタクルーズ諸島ティコピア島経由であった。五月一〇日にシカイアナ環礁で抜錨して、一週間ほど滞在した。その後、五月二一日から六月一日

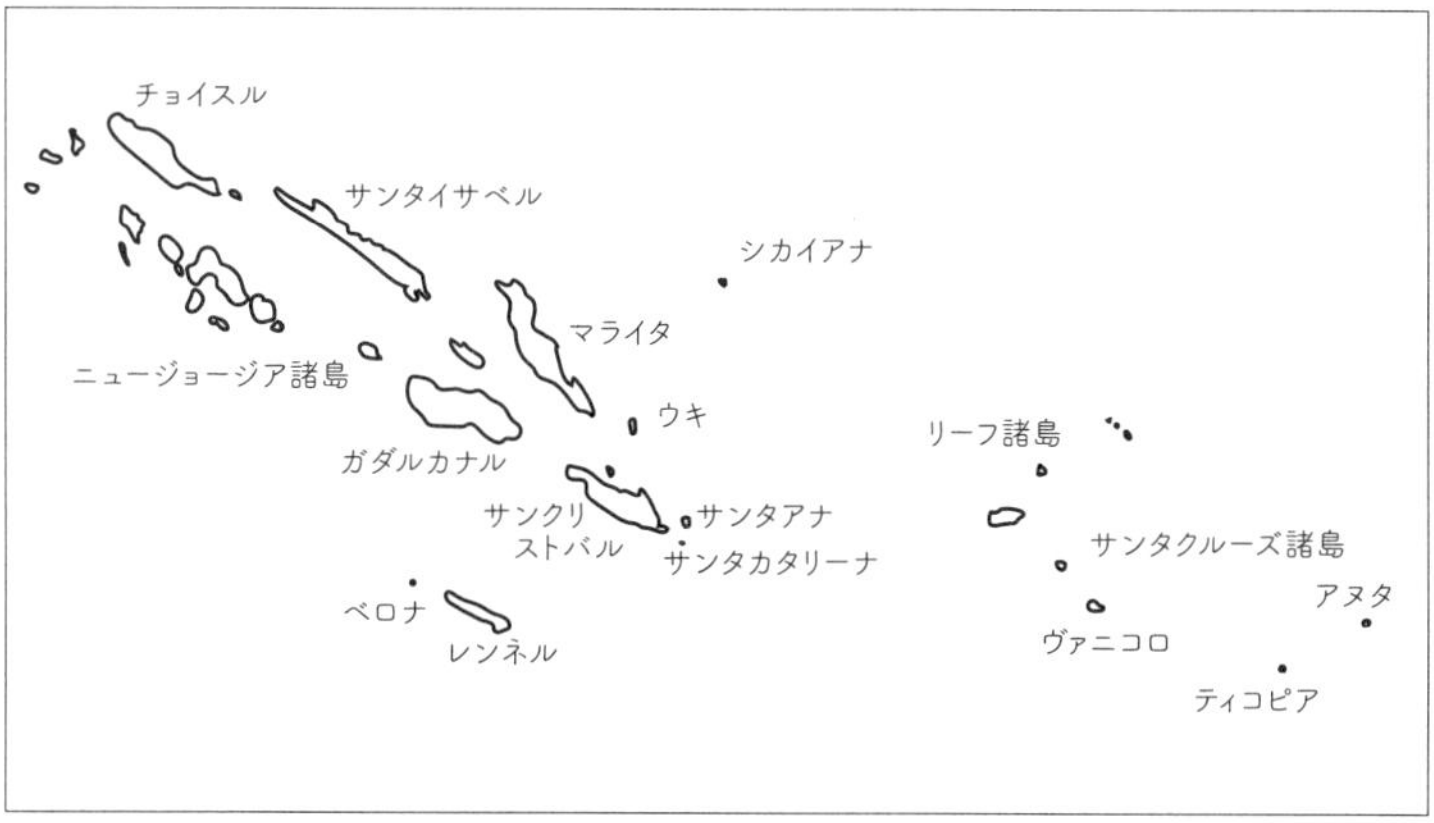

地図５　ソロモン諸島の地図（藤井真一氏提供の白地図をもとに製作）

までマライタにて、六月五日から二四日までレンネル島とベロナ島、六月二八日から七月五日まで今日のマキラ・ウラワ州にあたるサンクリストバル島、サンタアナ島、などをめぐり、最後に再び入国した方角に舵を切り、リーフ諸島、サンタクルーズ諸島を順に経由して、ソロモンの地から離れている（地図5）。各島への移動のあいまには、当時の中心地であるトゥラギを基点にガダルカナル島にて滞在していた（丹羽二〇二〇：六三九―六四一）。ソロモン諸島全体にかなりはばひろく足を運んでいることがわかる。彼らが訪れていないのは、今日の地名でいうとチョイスル州、イサベル州、西部州の三箇所くらいである。

　このクロッカー隊にソロモン諸島の探険を通じて、約三二〇〇点の収集品、一四〇〇枚の画像が集められた。そしてこれらは、アメリカのカリフォルニア科学アカデミー、フィールド・ミュージアム、ビショップ博物館、イギリスのケンブリッジ大学へと寄贈されている（丹羽二〇二〇：六四三）。魚類の標本はもとより、民族学（文化人類学的）的な写真を二〇〇枚以上撮影し、魚類と海洋生物の水彩画を一〇〇枚以上描いたという（Field Museum News 1934：3）。

そしてこれらソロモン諸島で収集されたコレクションは、特に高く評価されている。伝統的な航海術にかかわるコレクションの情報は、ハッドンとホーネルによるオセアニアのカヌーに関する古典的研究において十全に活用されている（Haddon and Hornell 1975：40–120；丹羽二〇二〇：六四二）。珍しいところでは、現在アメリカ自然史博物館に所蔵されているソロモン諸島の儀礼に関する動画がある。ソロモン諸島各地のダンスの様子がフィルムに撮影されているのだ。こうしたコレクションは、ソロモン諸島に関する著名な歴史家に、「二〇世紀初頭の自然、物質文化、人類学に関する文献においてソロモン諸島を中心的なものとすることに貢献した」とまで評される（Moore 2019：348）、資料的価値の高いものである。いうまでもなくこうした収集の過程のすべてにおいて、朝枝は一役買っていたのであった。

ずらっと民族学的に興味を引かれる写真を一瞥するだけでも、マライタ島アウキにおける貝貨を製作する人々（写真65）、ラウラグーンの水上居住民が海上に人工的に築いた居住地への訪問（写真66）、家屋やモノを運ぶガダルカナルの女性の姿などの身体所作（写真67）、レンネル島でペットの鳩を飼う人々の姿（写真68）などいろいろ紹介したいトピックがある。以下ではそ

写真 65　貝貨製作の様子（マライタ島アウキ、1933 年 5 月 25 日～ 26 日、撮影：朝枝利男、国立民族学博物館 X0076780）

写真 66　水上居住民の住居（ラウラグーン・スルヴァウ、1933 年 5 月 27 日～ 6 月 1 日、撮影：朝枝利男、国立民族学博物館 X0076812）

写真 67　頭で運搬する女性（ガダルカナル島カオカ・ロング村、1935 年 1 月 14 日〜 19 日、撮影：朝枝利男、国立民族学博物館 X0076743）

写真 68　鳩をペットにする少年（レンネル島クンガヴァ・ラヴァング海岸、1933 年 6 月、撮影：朝枝利男、国立民族学博物館 X0076956）

れらから絞り込んで、伝統的な航海術、儀礼、入れ墨や装飾品に焦点をあてていきたい。

†伝統的な航海術と海洋文化

太平洋地域の先住民の航海技術に注目が集まるのには理由がある。これらの地域は、人類が海洋世界に進出したという歴史的に画期をなす偉業のフロンティアであったからだ。そのためはやい段階から世界中の人類学者・考古学者の注目を集めてきた。とくにソロモン諸島レンネル・ベロナ島を中心とするポリネシアンアウトライアーが居住する地域は、研究の空白地帯であった。当時の研究状況に関する研究者からの助言をもとにして、クロッカー探検隊は、当該地域をさっそく訪問予定地に加えていた。

ポリネシアンアウトライアーの研究上の重要性を知るためには、人類がいかにオセアニア地域に移住したのかについてもう少し説明する必要がある。オセアニアはポリネシア・ミクロネシア・メラネシアの3つの地域に区分される（地図6）。近年の考古学・言語学的な研究によると、人類は東南アジア島嶼部や台湾あたりから南アメリカ大陸のある東に向かってポリネシアまで移動したということになっている。ポリネシアンアウトライアーとは、いったん定着したポリネシアの地から離れてポリネシア以外の土地に住処をみいだしたポリネシア系の人々のことである。つまり彼らの移動手段の理解は、人類の海洋世界への進出を解明する糸口になる可能性があるわけだ。

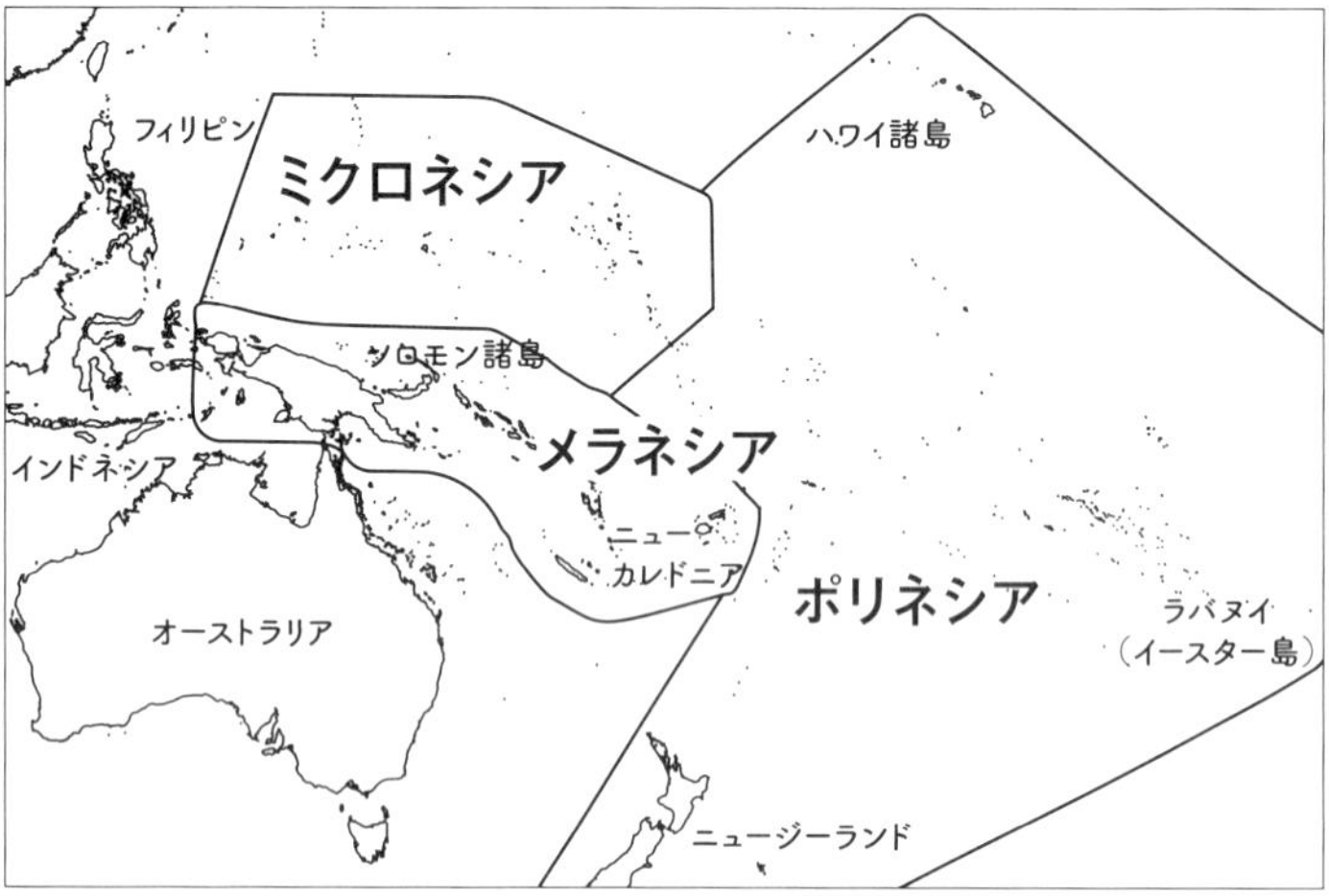

地図6　太平洋の3つのネシア（地図〈丹羽・石森　2013：裏表紙〉をもとに製作）

そしてこうした学問上の問題関心を念頭に置きつつクロッカー探検隊に接近したのが、イギリスにおける人類学の草創期を代表する人物の一人であったアルフレッド・ハッドンである。オーストラリア北部とパプアニューギニアとの境界に位置するトレス海峡への探検隊を組織したことで名高いが、その一方で、メラネシアのソロモン諸島に住んでいたポリネシア人の航海術や、彼らの航海を可能にした太平洋におけるカヌーの文化にも深い関心を抱いていたのであった（Haddon and Hornell 1975）。そのためクロッカー隊がソロモン諸島に探険するに際して、彼はポリネシアンアウトライアーの居住域を中心にソロモン諸島の航海技術に関する資料収集をクロッカーに依頼していた。クロッカー探検隊が、ソロモン諸島各地のカヌーとその構造の細部からカヌー小屋といった関連する文化的項目、さらにはカヌーが使用されている様子までを仔細に記録しているのは、その依頼に応えた結果であった。◇6

そしてこれらのソロモン諸島の航海技術を記録するにあたり、もっとも活躍した人物の一人がほかならぬ朝枝利男であった。クロッカー探検隊がフィジーの港を離れた直後にあたる一九三三年五月五日、彼らはソロモン諸島のティコピアにてポリネシアンアウトライアーの人々と出会っている。朝枝の観察によると以下のような様子であった。

十時位カラ Tucopia [sic. Tikopia：ティコピア] ノ火山塔ガ見エタガ一時過島ノ近クへ行ツタ。沢山ノ Canoe [カヌー] ニ沢山ノ男ガ乗リ槍ヲモチ。髣々タル頭髪。白イ Lime [ライム]。赤毛。野蛮人ノ風ガアル。tapa Cloth [タパ布] ノフンドシ一ツノモノガ大部。Polinesian [sic. Polynesian：ポリネシア] 人デアル相ダガ Melanesian [メラネシア] ノ様ニモ見エル。Canoe ノ立派ナコト。皮膚病ガ多ク斑紋アル皮膚。Betel nuts [ベテルナッツ] ノ chew [すうこと] デ口ガ赤ク歯ガ悪イ。Young boys [若者] 其他船一面ニナル。(朝枝利男日記五月五日)

日記の記述に相当する写真がアルバムにはある。朝枝たちクロッカー隊をみつけたソロモン諸島民が、アウトリガーカヌーでザカ号に接近してきて(写真69)、彼らの一部——朝枝による

写真 69　ザカ号に接近する伝統的カヌーに乗ったティコピア人（サンタクルーズ諸島ティコピア島、1933 年 5 月 5 日、撮影：朝枝利男、国立民族学博物館 X0076629）

写真 70　ザカ号に乗船するティコピア人（サンタクルーズ諸島ティコピア島、1933 年 5 月 5 日、撮影：朝枝利男、国立民族学博物館 X0076633）

とティコピアの首長とその息子も含まれていたという――はザカ号の船内に乗り込んできたうえで、クロッカー隊のメンバーとやりとりをするさまが生き生きと記録されている。写真のなかの男性が腰に巻いているのが先の日記に書かれていたタパである（説明は後述）。太平洋各地をめぐってきたなかで最初にみた野蛮な外見の人々というのが率直な印象であったようだ（写真70）。これら一連の写真にみられるような船上での出会いとなったのは、ティコピア島に上陸する許可をソロモン諸島の植民地政府から得られなかったからであったという。◇7

日記の冒頭にあるようにまず火山島に目が行くのがやはり朝枝である。そしてティコピア島のソロモン諸島民がメラネシア圏内おけるポリネシア人であるという民族的違いをすぐに把握している。せっかくであるので、当時の民族区分に関する理解の水準を示すうえでも、朝枝自身の文章を使って、ポリネシアとメラネシアの違いを補足的に説明していきたい。

ポリネシア属は一体に体格が良い。丈は高く足は長く、胸を張って大股で歩くところ、頭髪がふさふさと絹の様に柔らかく縮れ乍らも、率直に延びるところ等白人に似たところがある。殊にトコピア［ティコピア］やアヌダ［アヌタ］の島々の土民は男は髪を長く蓬々と延ばして垂らしている上に髪を石灰で漂白する為めに淡褐色から黄金色を呈し、恰も太古の白人を見るの感がある（朝枝 一九三四a：一四一）。

このようにポリネシア系にあたるポリネシアンアウトライアーは、肌こそ黒褐色だが、身体の所作や美しいブロンドの髪で鼻が高いという特徴から、白人のようだという印象を朝枝は抱いた（写真71）。先程触れた野蛮な見た目という感想とは相反している。このあたり当時の日本人の異民族象を示していて興味深い。

それに対してメラネシア人に対しては、以下のように言及していた。すでに何度か太平洋の各地への探検を済ませていた朝枝であるが、これがおそらくフィジーを除いてメラネシアに足を踏み入れた最初の機会である。フィジーはポリネシアと隣接する地域で、民族的にメラネシアとされるが文化的にはポリネシアとされることもある。その意味でメラネシアの地域に滞在して、その地の人々をじっくり観察する機会を得た最初の機会であると考えられる。

メラネシヤ土人は一般に小形である。殊に足が痩せ腹が太鼓のように膨れ、頭髪は縮れて伸ばすと蹴鞠の如く煙突掃除の如く突立ち、漂白しない限り黒色である。彼等の顔は恰もアフリカ土人の如く黒く鼻は扁平であぐらをかいている。…体は主として黒褐又は暗褐色を呈し、入れ墨をしてもよく見えぬ為めに、小刀皮膚に傷を作り、又は焼木片で跡をつける風習すら会々《たまたま》見受ける事がある（朝枝 一九三四b：一四二）。

ポリネシアとメラネシアの違いに関する頭髪や肌の色に関する表現は、ポリネシア／白人・

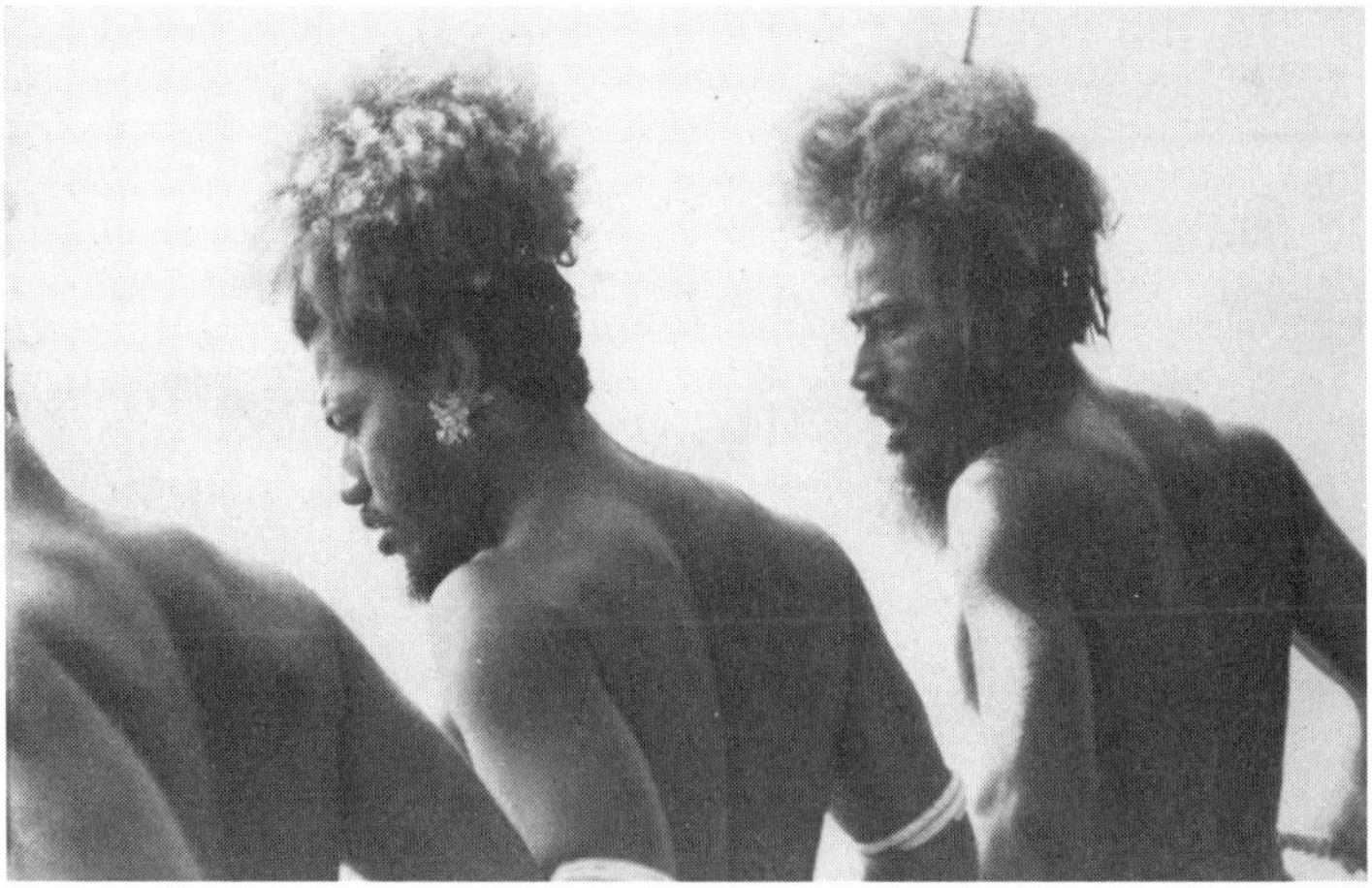

写真 71　朝枝利男はティコピア人の容貌に白人らしさを見出していた（サンタクルーズ諸島ティコピア島、1933 年 5 月 5 日、撮影：朝枝利男、国立民族学博物館 X0076630）

メラネシア／黒人と類型化することを含めて当時にはありふれたものである。今日では、白人／黒人というような人種的な違いは分析概念として使用されないし、ましてや文化的な違いと民族的な違いを一意的に重ね合わせることもない。また文中に事例であげられた人間の文化的な違いに進化論的差異を見出すことも妥当でない。ポリネシアとメラネシアの違いについてみても、オセアニア地域研究の歴史は類型的な理解を修正して、各地域の理解を精緻化してきた経緯がある。その意味でも、朝枝の類型的記述は一般化しすぎで、とくにメラネシア内部の民族的な多様性を捨象しているなど不充分な点が多い。文化的な要素の違いが、生物学的な差異のように扱われていることにも問題を感じる。現在の視点からするとそれらの点を差し引いて読む必要はあるが、頭髪染めや入れ墨・瘢痕の身体変工など、観察にもとづく文化的現象の記述にはみるべきものがあるといえようか。

さて日記に戻ると、身体的な特徴以外では、物質文化への言及が興味深い。通常の布が縦糸と横糸を交叉して織るのに対して、タパとは樹皮をたたいて伸ばすことでつくられる布のことである。オセアニアの代表的な文化であるが、ことにポリネシアで発達したことで知られている。またベテルはオセアニアの代表的な嗜好品である。ベテルとはビンロウと呼ばれるヤシ科の植物の実であり、これを噛《かじ》りその液を吸うのが一般的なたしなみ方である。ビンロウ噛みをすると口のなかが赤く染まることで知られ、朝枝もその顕著な特徴をさっそく目にして書き記しているわけである。

もうひとつ皮膚病にも言及している。こちらはクロッカー探険隊の主たる目的のひとつにロックフェラー財団と連携した太平洋地域の風土病の調査があったからである。朝枝の残した写真コレクションのなかには、ソロモン諸島を中心に現地住民への医療補助をするシーンがある◇8(写真72)。

そして、最後にソロモン諸島のカヌーの立派さに朝枝が驚いていたことを特記したい。この探険に際して、朝枝はソロモン諸島のカヌーについて観察、実測、写真撮影、スケッチによって記録化する役割を担っていた。日記には、毎日のようにそうした作業に従事する様子が記されている。気楽な仕事ではなかったようだ。六月二八日、ソロモン諸島での滞在も二ヶ月近く

写真72　教会の前で注射するランバート医師（サンタクルーズ諸島アヌタ島、1933年7月15日〜7月18日、撮影：朝枝利男、国立民族学博物館X0077286）

になった頃だ。ウキ島でのことである。「午後四時直グ前ノ岸ニ上陸シテcanoe［カヌー］ヲsketch［スケッチ］スル。Solomon［ソロモン］ノcanoeハsketchモmeasure［計測］モトリ難イコト甚シイ」と述べている。

彼の努力は実を結んだ。実際朝枝が撮影したソロモン諸島の写真は、ソロモン諸島各地で当時どういったカヌーが使われていたのか通覧できる比較文化論の貴重な情報源となっている。朝枝は、ソロモン諸島におけるカヌーの文化に関する学術資料として彼の写真が使われることを念頭に置いていたに違いない。様々なカヌーの例が拾われているだけでなく、船尾・船首の形態から使用実態、また保管の様子まで丁寧に記録がとられている。カヌーにかかわる多様な側面が遺漏のなく取り上げられるよう配慮していたのであろう。たとえば、ヌパニ島では、アウトリガーカヌー（写真73）が、沿岸で網を使って漁をするところが撮影されている（写真74）。

アウトリガーに注目しているのには理由がある。まず関連する朝枝の文章を引用しよう。

一般にポリネシヤ土人のカヌーはいわゆるアウト・リガーである。独木舟の母体から横に丸太を結びつけてその先に浮きをつけ、舟の転覆を防ぐように作られてある。これに反しメラネシヤ土人の舟はアウト・リガーが無いのが普通であるばかりでなく、舟体は欧米のボートのように板を結び合せて作ったものが多い（朝枝 一九三四a：一四一）。

ポリネシア人の祖先である遠洋航海者は、このアウトリガーの技術を発明することによって、広大なオセアニアの最後のフロンティアであった島々の世界に移動・定着することが可能になったのである。それ故、カヌーの形態は、彼らポリネシアン・アウトライアーの航海技術を知るための基礎的な情報であるだけでなく、朝枝たちが調査に入った時点においても、彼らがポリネシアの文化的要素をメラネシアの地で継承していることを示す証拠となっているのだ。

リーフ諸島では、カヌーを漕ぎモノを運ぶ人々の姿と同時に（写真75）、そのカヌーが陸に揚げられた際にどう保管されていたかを示し（写真76）、船首、船尾、アウトリガーなど船体の各所の細部が接写されている（写真77）。さらには、帆を手直し作業する様子やアウトリガーの部

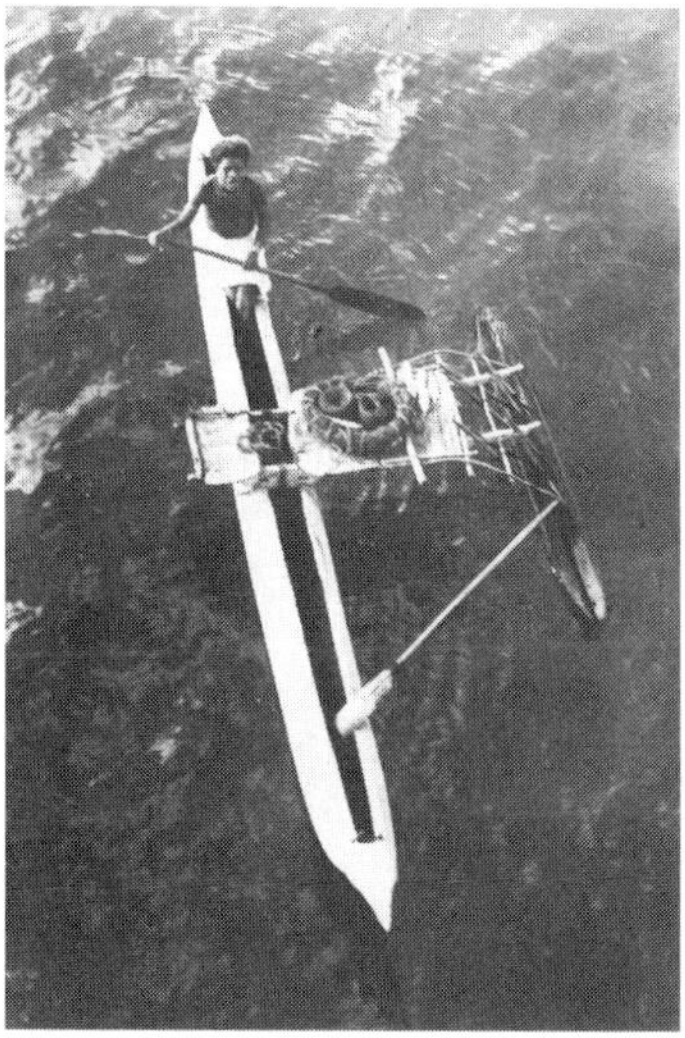 

左：写真 73　アウトリガーカヌーを漕ぐ女性（サンタクルーズ諸島ヌパニ島、1933 年 5 月 8 日、撮影：朝枝利男、国立民族学博物館 X0076645）
右：写真 74　三角網による漁撈の様子（同、国立民族学博物館 X0076655）

写真 75　アウトリガーカヌーで運搬する（リーフ諸島モホーク湾、1933 年 7 月 7 日〜10 日、撮影：朝枝利男、国立民族学博物館 X0077235）

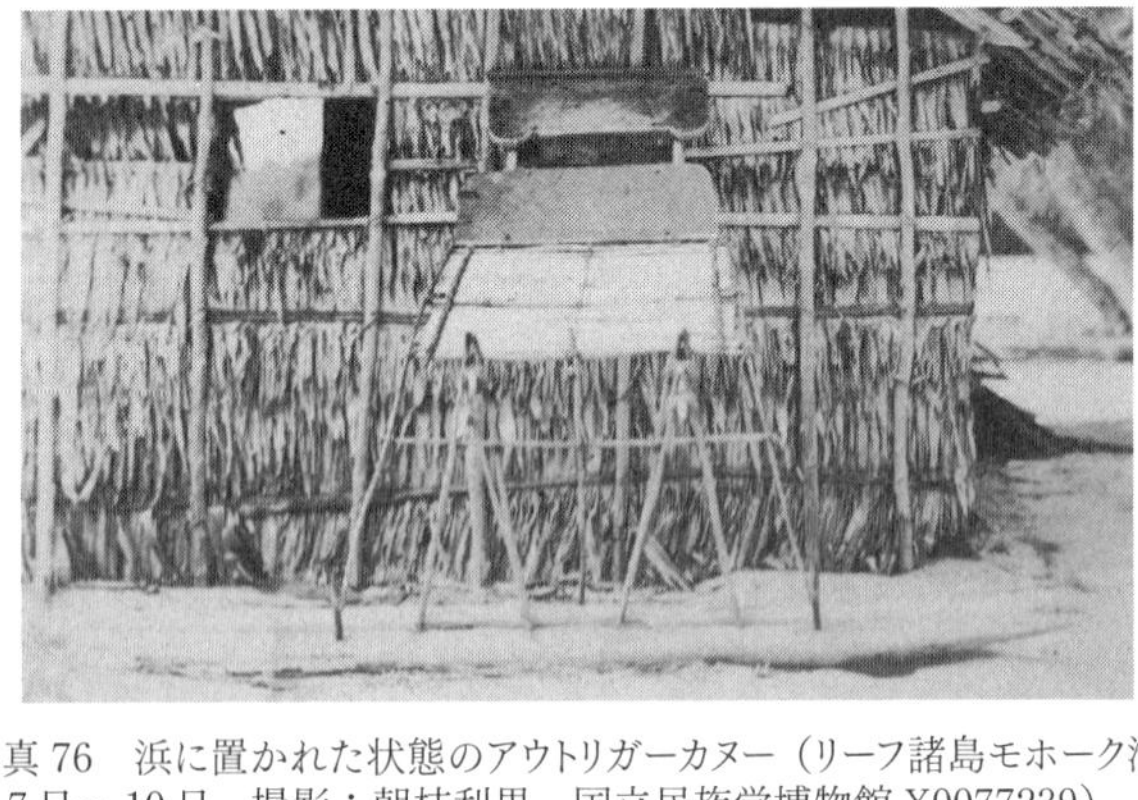

上：写真 76　浜に置かれた状態のアウトリガーカヌー（リーフ諸島モホーク湾、1933 年 7 月 7 日～ 10 日、撮影：朝枝利男、国立民族学博物館 X0077239）
中：写真 77　カヌーのアウトリガーの部位（同、国立民族学博物館 X0077245）
下：写真 78　取り外され小屋の横で乾かされているアウトリガー（同、国立民族学博物館 X0077250）

位が船体から外され小屋の横で乾燥されている写真もある（写真78）。アウトリガーをもたない丸木舟は、ウキ島の例から目にすることができる（写真79）。こちらも舳先などの部位の写真とともに、カヌー小屋で設置されているさまもわかる（写真80）。

　しかし朝枝のソロモン諸島のカヌーに対する態度は科学的な観察に留まらず、撮影を続けるなかで次第に形状や装飾の美しさにも魅せられていった。サンタカタリーナ島を最初に訪れた時の観察をもとに、朝枝は以下の文章を残している。

> 私がこの島を訪れたのは一九三三年の六月の末から七月の初めにかけての数日であった。先航が岸近くに着くと忽ち集って来るものは幾多のカヌーである。大小様々、スワンの様に首をもたげたソロモン特有のカヌーである。中には五六本の丸太を組合せた筏に乗った子供も見えた。…私達は小船に乗って岸に行った。岸の椰子の間には海に面して大きなカヌー小舎が立っていた。小舎の中には幾つかの立派な大きな美しい漁業用のカヌーが蔵《しま》ってあった。ニュー・ヘブリデス群島［現ヴァヌアツ］や、北米アラスカで見るような木像神が小さいながら入口に立塞って小舎を番しているのも目についたが、私はそこに集り迎へた土人が皆男達ばかりなのに気がついたのであった。後で聞くと島の女は一切カヌー小舎に近付く事も、またその前を通る事も、カヌーへ乗る事も禁じられてあるという話であった[◇9]（朝枝 一九三四b：二八二―二八三）。

上：写真 79　丸木舟（ウキ島、1933 年 6 月 28 日、撮影：朝枝利男、国立民族学博物館 X0077113）
中：写真 80　カヌー小屋に置かれた丸木舟（同、国立民族学博物館 X0077115）
下：写真 81　大型のカヌー小屋。船体横の装飾もうかがえる（サンタカタリーナ島、1933 年 6 月 30 日、7 月 2 日・4 日、撮影：朝枝利男、国立民族学博物館 X0077149）

朝枝は右記の様子を実見しており、それぞれに照応する写真を残している。サンタカタリーナ島の現地の人たちから聖なるものとして扱われていたカヌーや大規模なカヌー小屋（写真81）。古いカヌー置き場に設置されていた真っ黒な木像を観察している（写真82）。朝枝利男のアルバムのなかで、ソロモン諸島のカヌーは、優美に彩色され飾られていたと感興をもって記している。

その隣のサンタアナ島も同様である。カヌーとカヌー小屋の造形と装飾の美しさに朝枝は魅せられていた。カヌーは海に向かう形で置かれていた（写真83）。古いカヌー小屋にあったというサメの飾りや（写真84）、小屋の柱に施された人型の彫刻などにも注視している（写真85）。そして、特徴的なカヌーの船首についても、ここでも触れている（写真86）。トゥラギは当時のソロモン諸島の首都でフロリダ諸島の一部なので場所はずれるが、日記には以下のような印象的な記述もあり。やはりカヌーの美しさを特筆している。ゴンドラ型とあるので戦闘カヌーのことかもしれない。

Tulagi［トゥラギ］ノ港ハ奥深ク湾中島ノ中ニアル。赤イ屋根ハマルデ欧風デアルガ島其物ハ熱帯林ニ包マレテ居ル。Solomon［ソロモン］特有ノgondola like canoe［ゴンドラのようなカヌー］ガ首ヲモタゲテ走ル人影ハ少ナクGuadalcanal［ガダルカナル］ガ雲

写真 85　カヌー小屋と彫刻（サンタアナ島、1933 年 6 月 30 日、7 月 2 日・3 日、撮影：朝枝利男、国立民族学博物館 X0077227）

写真 86　船首の装飾（サンタアナ島、1933 年 6 月 30 日、7 月 2 日・3 日、撮影：朝枝利男、国立民族学博物館 X0077223）

左：写真 82　古いカヌー小屋の場所にあった木像（サンタカタリーナ島、1933 年 6 月 30 日、7 月 2 日・4 日、撮影：朝枝利男、国立民族学博物館 X0077148）
右：写真 83　カヌー小屋（同、国立民族学博物館 X0077219）

写真 84　古いカヌー小屋にあったサメの飾り（サンタアナ島、1933 年 6 月 30 日、7 月 2 日・3日、撮影：朝枝利男、国立民族学博物館 X0077225）

二包マレテ居ル。（朝枝利男日記五月一九日）

一方で、カヌーの形態や文化的多様性にも目を見張っていたようだ。たとえば、こうした装飾の施された美しいカヌーやカヌー小屋だけでなかったことを観察にもとづき記録している。今日のマライタ州にあたるシカイアナ環礁には、シンプルなカヌー小屋であったと記している。またソロモン諸島のほかの島と同じアウトリガー方式でカヌーはつくられていたが、アウトリガーが左側に設置されていることに気がつき、興味を引かれていた。ここではウキ島の例ですでに触れたのと同型のリーフ内だけで使う丸木舟（ダグアウト）も観察されている（写真87）。丸木舟が使われている様子は、マライタ島のラウラグーンで撮影されている（写真88）。ベロナ島は、こうした比較的シンプルな造形のカヌーの系統に属していたようだ。朝枝曰く外洋向きにつくられていないという。そしてやはりアウトリガーの写真が残されている（写真89）。

そしてこれら朝枝の仕事の成果は、ハッドンのオセアニアのカヌー文化についての書籍で存分に活用されている。同書は一九三六年から三八年にかけて刊行された三巻本で、太平洋全体のカヌーの情報が百科全書的にまとめられていた。世界的に先住民の権利の見直しが進むなかで、オセアニアにおいては、カヌーの文化が先住民のアイデンティティの一部として積極的に位置づけ直されるようになる。そうした活動を担っている中心的な団体であるポリネシア航海協会においても、その設立直後の時期には、このハッドンらの書物を活用したとされている。◇10

上：写真 87　簡素なカヌー小屋と丸木舟（シカイアナ環礁、1933 年 5 月 10 日〜17 日、撮影：朝枝利男、国立民族学博物館 X0076682）
中：写真 88　丸木舟に乗る子供（ラウラグーン、1933 年 5 月 27 日〜 6 月 1 日、撮影：朝枝利男、国立民族学博物館 X0076796）
下：写真 89　シンプルな造形のカヌー（レンネル島、1933 年、撮影：朝枝利男、国立民族学博物館 X0076908）

朝枝は、陰ながらひとかたならぬ貢献をしたといってよかろう。

†踊りと儀礼

どちらかというと動植物などの記録者としてあった朝枝であるが、ソロモン諸島では伝統的な文化の記録を受け持っていた。そしてそのための撮影や現像の作業に、朝枝は、静止画だけでなく動画も撮影していたため多大な時間を割いていた。事実、ソロモン滞在中の日記には、撮影と現像の繰り返しに忙殺されていた様子が描かれている。朝枝が動画を撮影している写真もある（写真90）。いろいろな対象を撮影したと思われるが、現在ソロモン諸島関係で残されているフィルムは、各地の踊りや儀礼が中心となっている。◇11 すべての踊りの記録を取り上げるのは紙幅の関係でかなわないので、本書ではいくつか選んで紹介したい。まずは、レンネル島における男性と女性の踊りをみておきたい。

撮影時期は一九三三年六月中旬であった。

十一時カラDance［踊り］ガアルトイフノデ出発Coconuts［ココナツ］ノ下デ男ダケガDanceスルノヲ見ル広場ニハ男ダケデ半月形ノ板ヲ打ツト男ガ周囲ヲグルグル廻ツテ飛ビ上ルノハwild［野趣に富んだ、野蛮な］ノDanceデアル。Danceノ前ノCeremony［儀式］ハ一時間モカカツテ長くCoconutsヲChief［首長］ニ供ヘタリスルノハ面白クナ

写真 90　動画を撮る朝枝利男（ラウラグーン、1933 年 5 月 27 日〜 6 月 1 日、国立民族学博物 X0076833）

カツタ

其後一時間残ツテ写真ヲウツシタガナカナカ面白イSubjects［被写体］ガ出来タ。活動ハ1000 ft［フィート］トルシ5×7ハ2 doz［ダース］斗リ。天気ガ良イノデ気持ガ良イ（朝枝利男日記六月一一日）。

紙面では映像の紹介はできないので、ここでは撮影された写真をみてみたい。ぐるぐる回って叫び声を上げながら飛び上がっている様子は、何枚かの写真にわたってクリアーに撮影されている（写真91）。立て続けにシャッターが押され連続写真のようにとられており、人々が動いていているさまが手に取るようにわかる。丸くなって踊る人々の真ん中に座っているのが、楽器の板をたたく男性である。人々は反時計回りに走り、飛び、叫び声を上げて動き回っていたとのことである。

なお日記の後段に退屈だと述べている儀礼は、収穫儀礼のことである。踊りはそもそもこの収穫祭の一環として行われていたらしい。首長がココヤシを配分している鮮やかな写真が残っている（写真92）。この踊りは男性によって行われた例であったが、撮影の二日後には女性だけによる踊りの撮影に成功している。

岸ニ行ツタガ今日ハ女連中ノDanceガアルノデ十一時上陸　他ノ場所デ女ガグルリト廻ツテ手ヲ動カシテ歩ク所ハ大シタモノモナカツタガ1300 ftヲ写シタ勿論其他ノ写真モ大部取ツタ。

一人残ツテ四時迄随分沢山ノモノヲ写シタ（朝枝利男日記六月一三日）

アルバムに付された解説によると、男性に対して女性の踊りは動きが少ないのが特徴であるとのこと。男性同様反時計回りに移動しながら踊るが、もっとゆっくりと指を動かし、歌を唄いながら動くという。男性の踊りには面白みがないとして、一方で女性の踊りはたいしたものではないと、いずれも低評価である（写真93）。朝枝は日記のなかで出来事に対して基本的に否定的な描き方をすることが多い。踊りについてもその例に漏れなかった。

上：写真 91　ココナツ収穫儀礼における男性の踊り（レンネル島クンガヴァ、1933 年 6 月 11 日、撮影：朝枝利男、国立民族学博物館 X0076977）
中：写真 92　収穫祭でのココナツの配分（レンネル島クンガヴァ、1933 年 6 月頃、撮影：朝枝利男、国立民族学博物館 X0076974）
下：写真 93　ココナツ収穫儀礼での女性の踊り（レンネル島クンガヴァ、1933 年 6 月 13 日、撮影：朝枝利男、国立民族学博物館 X0076981）

ただしソロモン諸島のすべての踊りに駄目出しをしていたわけでなく、七月四日のサンタカタリーナ島の男性だけによる踊りは印象に残ったようですこぶる面白いと記している（朝枝利男日記七月四日）。また芸術的だったというのが朝枝の感想であった。この踊りでは、写真右端に写っている男性以外は、唄わなかったという（写真94）。雑誌では、女性の踊りも賞賛している。やや長いが生き生きした説明なので引用したい。性的な印象を強調しているように朝枝の目には映ったようだ（写真95）。

彼等は裏の椰子の林の中に入って準備をする事三十分余り。その間に頭から顔から身体中に椰子の葉を巻きつけ垂らし下げて身を隠す。それに頭には純白な植物の繊維で拵えた三角帽を冠り、立木の小枝を折って肩に担い、行列を作って村の広場に出て来るところは、まるで米国におけるク・クルクス・クラン秘密結社の行列の感がある。

彼等は円圏を作って歌に合わして踊り出す。腰を左右に動かし尻を前後に振り、枝を高く捧げて、エッショエッショと練り上げるのは、日本の子供達が御輿を練り上げるのとよく似ている。特に面白いのはダンスの間々に十か十二の少女達が尻腰を振って観客に近寄って来る図は如何にも挑発的である。

これに反し男達のダンスは相当優雅で又野趣を具えている。特に魚取りダンス、収穫ダンス等とその生活を舞踊化した所は美術的ともいわれよう（朝枝 一九三四b：二八四）。

写真 94　芸術的な男性の踊り（サンタカタリーナ島、1933 年 7 月 4 日、撮影：朝枝利男、国立民族学博物館 X0077193）

写真 95　女性の踊り。白いかぶり物がクー・クラックス・クランにみえたようだ（サンタカタリーナ島、1933 年 6 月 30 日、7 月 2 日・4 日、撮影：朝枝利男、国立民族学博物館 X0077191）

先述したようにこれらの一連のソロモン諸島における踊りと儀礼の記録には、朝枝は動画もあわせて撮影している。一九三〇年代といういまほど動画が簡単に撮れない時代の踊りの記録であり、それだけで貴重なものである。写真、動画、水彩画など朝枝は八面六臂の活躍を果たしていたわけである。

†イレズミと装飾品

最後にソロモン諸島のイレズミや装飾品についてみていきたい。入れ墨は英語でタトゥーと呼ばれるが、実はこの言葉はオセアニアのポリネシア語のタタウを語源としているというのが通説である（Thomas 2005 : 7）。タタウの語がヨーロッパに入り込む前から入れ墨はあったと考えられるが、少なくともこの借用語の例が示しているように、ヨーロッパにおける入れ墨に対してオセアニア文化は多大なる影響を与えているのだ。

朝枝利男は探険を通じて、入れ墨文化をもっているサモア、マルケサス、トンガなどポリネシア圏に長期滞在していたが、その実態について詳しく記録しているのは、メラネシアのソロモン諸島にてのことである。たとえば、一九三三年五月一〇日、ソロモン諸島シカイアナ環礁に到着している。その直後には自然環境への観察と同時に、ソロモン諸島民の入れ墨や装飾品にさっそく目を向けている。

写真 96　頭髪を素材とする首飾り（右側の男性）（シカイアナ環礁、1933 年 5 月 10 日～ 17 日、撮影：朝枝利男、国立民族学博物館 X0076714）

島ハ低クCoconut［ココナツ］ガ密生シテ居ルノデ開ケ過ギテ居ルト思ッタ案ノ状ダ船ヘ来タ土人ハPolinesian type［sic, Polynesian type：ポリネシア型］。Canoe［カヌー］ガ見事デアル。Movie［動画］ヲトル土人ハ人頭髪ノ着飾ヲスル入墨状態同ジ。…破レタshirts［シャツ］ヤlava lava［ラバラバ：衣服の一種］ガイヤナ感ヲ与フル。（朝枝利男日記五月一〇日）

頭髪という人体の一部を利用した装飾品には、とくに興味を引かれたようだ。頭髪を素材とする首飾りをかけているソロモン諸島民の写真が残されている。右側の男性の首飾りがそれである。朝枝はおそらく手に触れたの

写真97　装飾品をまとう男性（ラウラグーン、1933年5月27日～6月1日、撮影：朝枝利男、国立民族学博物館X0076842）

であろう、アルバムでは弾力があり強いとコメントを付している◇12（写真96）。

いまでは開けた地となっているが「昔から獰猛な人喰種」（朝枝 一九三四b：二八四）として知られるという視点から、マライタのソロモン諸島民を朝枝は観察していた。それ故事前の評判に踊らされて恐怖心を抱くことを免れなかったが、同時に彼らのまとう装飾品について注視している。粗暴な性行と技術的な素晴らしさは、切り離していたようだ。「手工に巧で蓙《ござ》を作り、櫛を作り、棍棒や装飾品を作るのに妙を得ている」（朝枝 一九三四b：二八五）というわけである。

Bushmen［ブッシュマン］ノ姿ハ面白カッタ（女ハ坊主デ男ハ毛髪）鼻ニ何カサシタモノ。耳タブノ飾。腕輪。其他髪ハツ等眼新ラシイガ恐ロシクイ様ナ連中巡査ガ必要ニナル訳デアル（朝枝利男日記五月三〇日）

鼻、耳から頭など全身の至るところにみられる装飾や髪型のありように、エキゾチックな面白みと同時に恐怖心まで感じていたことが伝わる（写真97）。「ブッシュマン」というのは、この文脈ではソロモン諸島民のことをさしている。また巡査が必要となった背景には、朝枝らクロッカー探検隊が訪問したおよそ六年前にマライタに着任していたヨーロッパ人地区行政官が殺害される事件が起きていた関係で、政府が警戒していたことが考えられる（cf. 朝枝 一九三四b：二八五; Keesing and Corris 1980）。なお、文中に括弧書きした「(女ハ坊主デ男ハ毛髪)」の箇所は、朝枝の日記では通常の行をはずれて書き込まれていた文言である。男女の対照的な髪型は、あえて補足的に挿入するほど意識に残った点なのである。ソロモン諸島では特徴的な女性の頭髪の写真は何枚かあるがこれはマライタ界隈での滞在中の記録である。したがって対応する写真は、同じマライタとはいえ若干ずれるものの写真98であろうか（写真98）。

ことにサンタカタリーナ島では、男女問わず全裸に近い姿で生活していることに強く印象付けられていた（朝枝 一九三四b：二八二―二八三）。そして現地の人たちは顔中に装飾品をつけ、

写真98　石貨をつくる女性。左端の女性が坊主頭（マライタ島アウキ、1933年、撮影：朝枝利男、国立民族学博物館X0079442）

衣服をまとう代わりに、入れ墨や身体変工を好んでしていることを精緻に観察している（写真99、写真100）。

従ってこの島の婦人連は衣服の贅沢とか欲望とかいうものが無い。それに代る入墨だけは豪奢を極め、全身をそれに蔽われている女もある。時によると顔や腕に切傷を拵らへて装飾にする。何故ならば余り色の黒い者には入墨をしても見えないからである。

島民は男女とも耳タブに丸く穴をあけ、白い丸い貝殻または木片を挟んで置く習慣がある。時には輪環を二つも三つもぶら下げるために老人になると肉が千切れてしまっている。

鼻の頭尖に小穴をうがち、それに草花

写真 99　耳飾りや鼻輪をまとう女性（サンタカタリーナ島、1933 年 6 月 30 日、7 月 2 日・4 日、撮影：朝枝利男、国立民族学博物館 X0077171）

写真 100　男性の各種装飾品（サンタカタリーナ島、1933 年 6 月 30 日、7 月 2 日・4 日、撮影：朝枝利男、国立民族学博物館 X0077181）

をさし込んだりするのも妙な風習である。腕輪や足輪には多くは貝殻を用いている（朝枝一九三四b：二八四）。

ソロモンの女性は衣服に関心がないと朝枝の目には映った。既婚女性の装いは、日本のふんどしや暖簾にもみまがうばかりでとりわけ奇異な印象をもったようだ。写真101の女性は模様が小さくてわかりにくいだろうが全身に入れられた入れ墨も顕著な特徴である。この被写体の場合、左腕に安全ピンを刺して飾りにしている（写真101）。西洋由来の事物が伝統に取り込まれている例といえよう。結婚前の処女となると腹に一本の細紐を巻き付けるだけの姿だが、恥ずか

写真 101　既婚女性の衣装（サンタカタリーナ島、1933 年 6 月 30 日、7 月 2 日・4 日、撮影：朝枝利男、国立民族学博物館 X0077172）

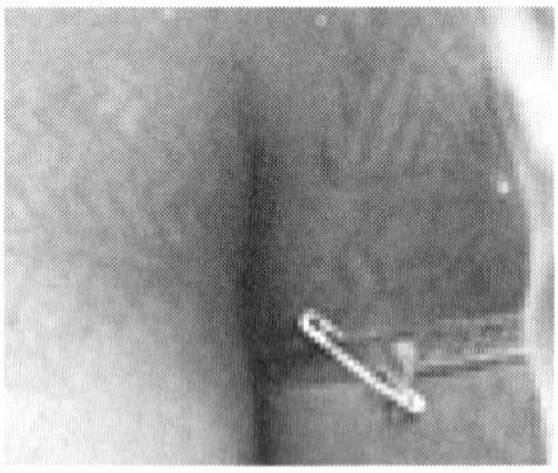

写真 101 の部分拡大

しがる様子もないことに驚いている。ただしこの慣習に対しては、「祖先伝来の習慣」で「隣近所の島へも出た事が無い」から当然であろうと（朝枝 一九三四b：二八三―二八四）、いまでいう文化相対主義的な視点から納得をしている。

ソロモン諸島の装飾品にフォーカスした写真はとにかく数が多い。論述の関係上サンタカタリーナ島の例の紹介が増えてしまった。ただせっかくの機会なので、ソロモン諸島のほかの島の装飾品をあとひとつだけおみせしたい。「今回の旅でもっとも色彩豊かな踊り」と朝枝がアルバムで述べているサンタクルーズ島グラシオサ湾の踊りの際に身につけられていた装飾品である。黄緑赤の三色の葉、貝殻と頭髪の白色にマットの茶色とひときわカラフルであったという（写真102）。これまで紹介した装飾品がどちらかというと日常的に使用されていたものと異なり、ハレの文脈で使われていたものである。その意味で性質は異なっているが、興味深い写真なのであえてここでおみせしたい。

ところで、日記での言及の頻度こそさほどでもないが、入れ墨には個人的な関心はもとより、学術的調査の一環として資料を収集していた節がある。正面、背面、側面と様々な角度から入れ墨をまとった男女を撮影した写真が、相当数残されているのだ。地域的にもソロモン諸島の特定の場所でなく各地をひろくおおっている。

すでに紹介したサンタカタリーナ島における全身の入れ墨のほかに、たとえば以下の例がある。ひとつは、アヌタ島の男性の入れ墨。胸と腕が目を引くが、腹寄りの箇所にある魚の入れ

写真 102　男性の踊り用の装飾品（サンタクルーズ諸島グラシオサ湾、1933 年 7 月 11 日、撮影：朝枝利男、国立民族学博物館 X0077269）

写真 103　男性の胸と腕の入れ墨（サンタクルーズ諸島アヌタ島、1933 年 7 月 15 日～ 18 日、撮影：朝枝利男、国立民族学博物館 X0077291）

墨がソロモン諸島らしいタイプといえよう。朝枝はティコピアと同型の入れ墨との感想をもった（写真103）。またシカイアナ環礁の女性には、胸元と腕に縦に入れられた入れ墨がある。腕は魚のデザインで、朝枝のコメントによるとポリネシアにはあまりないタイプであるという（写真104、写真105）。

レンネル島クンガヴァでは、既婚女性（写真106）と男性（写真107）の入れ墨を取り上げたい。男性は首長の正装をしている。◇13 入れ墨の意味は不明なことが多いが、中央の帯状のものがレンネル島の神でその両脇にある魚はトビウオを表しているとする研究がある（近森一九八八：一四）。朝枝によると当時のレンネル島には数えるほどの斧しかなくすべて首長に寄贈されていたという。腰にぶら下げられている斧は、被写体の権威も表しているのだろう。隣のベロナ島からも似た入れ墨の写真が残されている（写真108）。詳細は不明ながらレンネル島と同様の文化的背景があったのかもしれない。

写真だけではなく、朝枝は入れ墨をスケッチで記録していたこともわかっている。いまではアメリカのビショップ博物館とイギリスのケンブリッジ大学考古学人類学博物館にあわせて十数枚程度所蔵されている。あきらかに朝枝は将来使われる研究用の素材として各地の入れ墨を記録していた節があるのだ。しかしこれらの入れ墨の写真やスケッチが、同時代的に研究に使用された形跡はない。せっかくの残された資料が活用されていないのは、残念なことである。ここで二枚ほど紹介しておきたい。先に紹介した写真103と同じアヌタ島の入れ墨である。正面

上：写真 107　首長の入れ墨（レンネル島クンガヴァ、1933 年、撮影：朝枝利男、国立民族学博物館 X0076925）
下：写真 108　男性の入れ墨（ベロナ島、1933 年 6 月 18 日～ 23 日、撮影：朝枝利男、国立民族学博物館 X0077077）

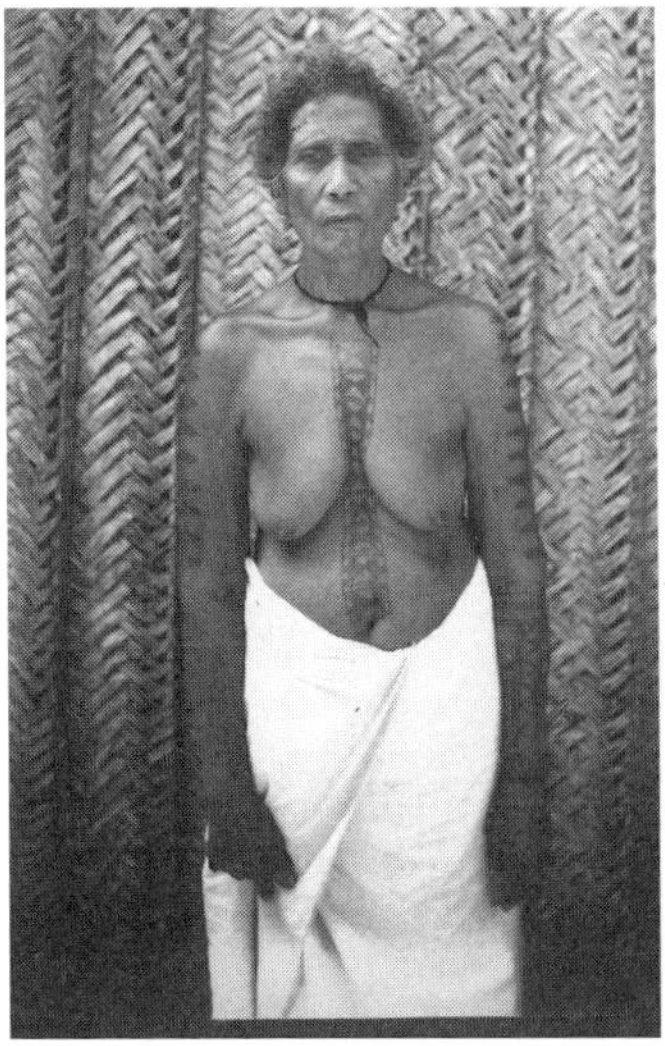

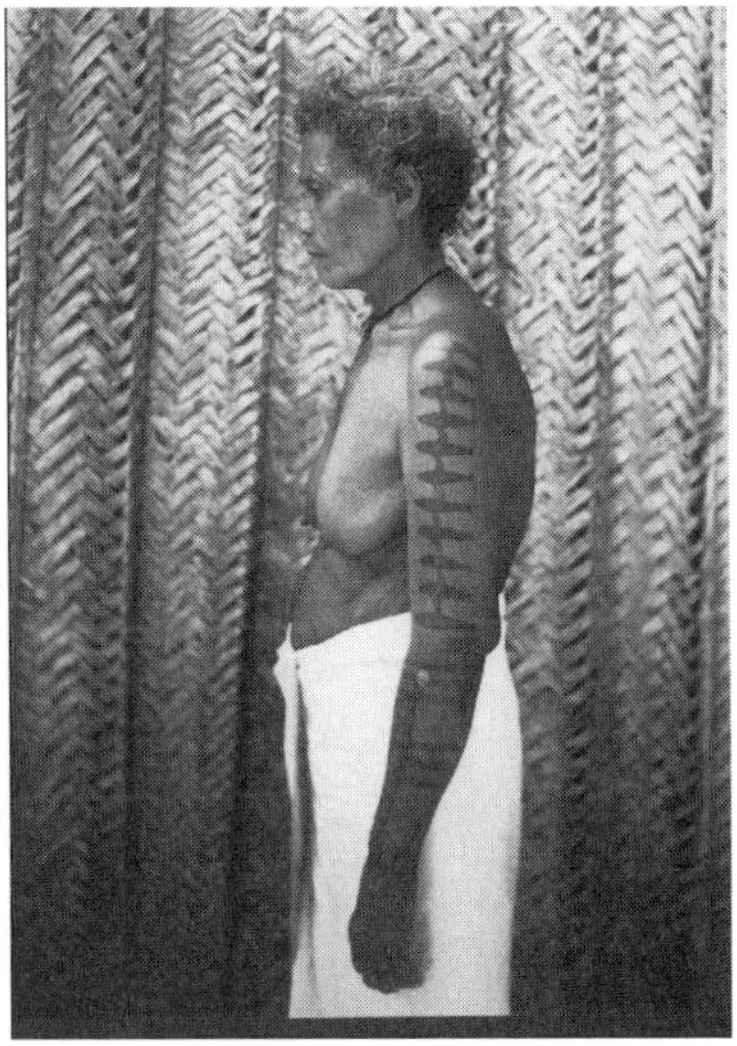

左：写真 104　女性の胸の入れ墨（サンタクルーズ諸島アヌタ島、1933 年 7 月 15 日～ 18 日、撮影：朝枝利男、国立民族学博物館 X0076728）
右：写真 105　女性の腕の入れ墨（同、国立民族学博物館 X0076729）

写真 106　既婚女性の入れ墨（レンネル島クンガヴァ、1933 年、撮影：朝枝利男、国立民族学博物館 X0076966）

と背面のふたつのスケッチがあるので、ぜひ写真と見比べて頂きたい（口絵、カラー図版6、カラー図版7）。

朝枝のソロモン諸島での活躍について紹介してきたが、最後に彼がソロモン諸島にどういったイメージを抱いたのかに触れて章を閉じたい。結論を述べると、ソロモン諸島は、彼にとって太平洋の島々のなかでも特に未開の印象を与える存在であったようだ。その背景には、フィジーやタヒチのように西洋社会の影響をすでに強く受けていた社会に比べて、ソロモンはいまだ相対的に伝統社会の姿を色濃く残していたことが指摘できる。さらにクロッカー探検隊のソロモン諸島におけるミッションのひとつに、熱帯地域における島嶼民の医療援助という項目があったこともかかわっている。このプロジェクトの関係で、皮膚病に冒された人々や衛生環境の悪い現地社会の状況をつぶさに目のあたりにしていたことが悪印象に一役買ったことは間違いない。

事実、朝枝のソロモン諸島サンタクルーズ諸島での印象は、「滅びゆく民族」というものであった。ヴァニコロ島の村落における崩れ落ちた屋根、壊れた教会の石垣、草に覆われた道、空き家だらけの集落などの景観は、ソロモン諸島民が滅亡の途上にあるかのように朝枝にはみえたという。そこで会った老人からは、船乗りたちに運び込まれた疫病で死んでいくソロモン諸島民の人々の様子を聞き及んだと一連のソロモン諸島滞在をまとめたエッセイで記している（朝枝一九三四a：一四三―一四四）。

実のところ未開社会やそこに住む民族が滅びつつあるという考えは、近代的な人類学による異文化研究がはじまった当初から根強くあるものの見方のひとつである。世界を股にかけた朝枝とはいえ、こうした発想から免れることはかなわなかった。いまの時点から振り返るとソロモン諸島における伝統的な文化は大きく様変わりしているし、かつてあったものがなくなっていることもまた事実である。しかしその一方で過去とは別の形で存続している文化や、あらたに復活している慣行なども確実にある。そもそも朝枝が記録した伝統文化も、過去から大きく様変わりした結果として一九三〇年代に形成されていたものに過ぎない。移ろいゆく文化の断片を鮮明に捉えているからこそ、朝枝の仕事ぶりは際立つのである。

◇註

1　近年では現地語にもとづいてラパヌイ（Rapanui）と呼ばれることも多い。本書では、朝枝の時代に使用していた表記に準じてイースター島と記載する。

2　ヨーロッパ人との接触を果たした一九七六年に、無人であった旨の報告がある。ただし考古学上はそれより前にポリネシア人が生活していた痕跡があるという（Fortune 2000: 602）。

3　太平洋各地に自生する植物の実。生産性の高さが大航海時代に注目された。

4　クロッカー隊が立ち寄ったのは、こうした混血状況に関する生物人類学的な調査を行うのも理由のひとつであった。

5　石膏で型をとるシーンは、映像でも記録されている。アメリカ自然史博物館所蔵のフィルム（The Scientific Expedition to the South Pacific in the Yacht Zaca）を参照のこと。本書執筆時には、オンラインストリーミングで閲覧できた。最終確認、二〇二三年一二月二九日。

6 このあたりの事情は、一九三三年八月一八日付けのクロッカーからハッドンに宛てられた書簡からうかがえる。ケンブリッジ大学考古学人類学博物館Box 332 OA2/15/14に所収。

7 朝枝利男アルバムにおける写真（X0076629）に付されたコメントを参照のこと。

8 この側面についてはロックフェラー財団のフィジー・スヴァ拠点にいたマイケル・ランバートの著作を参照のこと（Lambert 1941）。同書には、朝枝の活躍する姿も若干登場している。

9 文中で指摘されている女人禁制については、朝枝利男のアルバムに収容されている写真（X0077157）にも記載されている。

10 同書が一冊にまとめられ二〇一七年に再刊された際の、版元のホームページ（https://bishopmuseumpress.org/products/canoes-of-oceania）を参照。二〇二三年五月二日閲覧。

11 動画の記録は、現在、アメリカ自然史博物館に所蔵されているFilm Collection no. 161、The Templeton Crocker Expeditionを参照のこと。このフィルムには、探検隊に随行している朝枝の姿もしっかり残されている。

12 クロッカー探検隊が収集した頭髪を使用した首飾りは、ハワイのビショップ博物館に収蔵されている。ビショップ博物館収蔵品C06585などを参照のこと。

13 被写体の属性については、慶應義塾大学名誉教授の近森正氏による。国立民族学博物館の朝枝利男コレクションデータベースに付されたコメントもあわせて参照のこと。

第五章　探検を終えた朝枝利男

一　第二次世界大戦

†写真館をひらく

クロッカー探検隊の一員として華々しい活躍をしていた朝枝の探検家としての時代は唐突な終わりを迎えた。第二次世界大戦の状況は深刻さの度合いを増し、その影響は太平洋にも及んだ。すでに国際情勢は、太平洋の海原の自由な探検を許す状況ではなくなっていたのだ。クロッカー自身がもはや探検に乗り出すことなく、クロッカー探検隊を運んだザカ号は、一九四二年にアメリカ海軍に接収されている。

一九四〇年、朝枝は、サンフランシスコにいた。急速に戦争に向かいつつある時期に朝枝は、妻と生活の拠点をサンフランシスコ郊外に築きつつ（R.L. Polk & Co 1940 : 78）、ダウンタウンにて自前の写真スタジオをひらいていた。店舗名は、所在地グラント・アヴェニューにちなみニュー・グラント・フォト・スタジオとされた。開店を知らせる広告が、五月から六月にかけてのサンフランシスコの日系人新聞のなかにみつかる（図10）[◇1]。「皇紀二千六百年及び金門大博覧会」での記念撮影にどうぞと日本語版の方の紙面には宣伝をしている。日本の皇紀二六〇〇年の記念行事とアメリカのサンフランシスコ大博覧会がたまさか開店時期に開かれていたことを宣伝材料としたのだ。店舗の特色は、「今般日本人唯一の実色写真館」とカラー写真の撮影ができることにあった。

しかし第二次世界大戦の影響は、本土に住むアメリカ在住の日系人にも及びはじめており、平穏な日常生活は長く続かなかった。一九四一年一二月七日（ハワイ時間）の真珠湾攻撃をきっかけに日米は交戦状態に入った。アメリカを生活の拠点としていた日系人は、移民先の国と母国が戦うという身も心も引き裂かれるような状況におかれながら、この戦争に否応なく巻き込まれていく。

朝枝も無関係ではいられなかった。真珠湾攻撃の約一〇日後の一九四一年一二月一六日には、

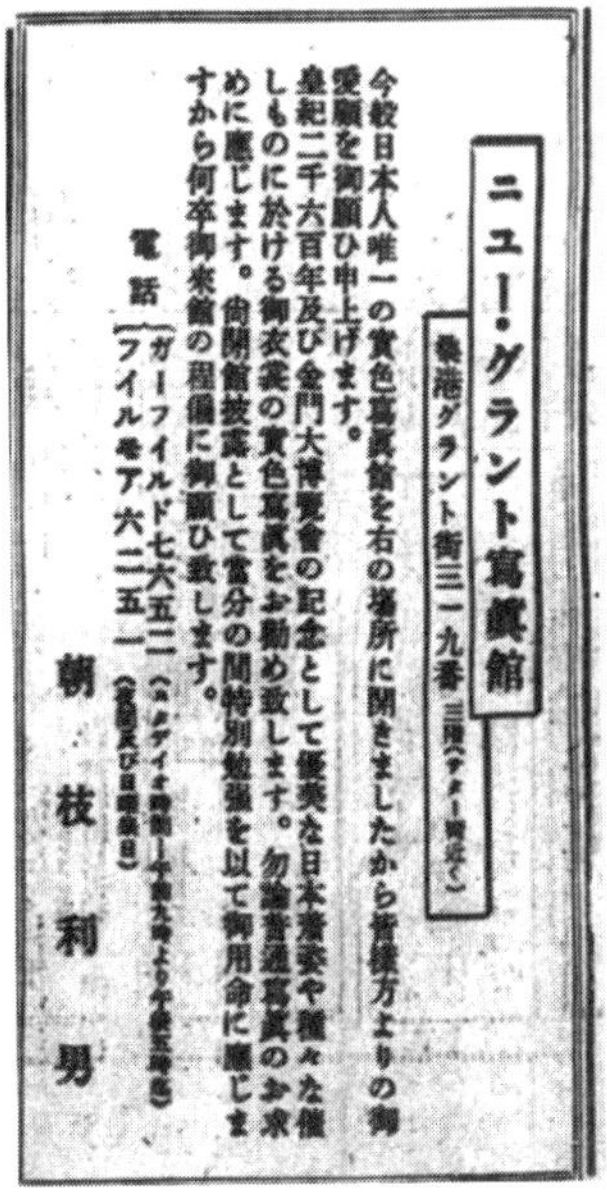

図10　ニューグラント写真館の広告（日米 1940：3）

近隣の住民から、国防上の疑わしい人物として嫌疑をかけられていた。クロッカー探検隊の時代に製作した地図を、朝枝が日本に漏らしていたのではないかというのである。その結果一九四二年二月三日、朝枝は連邦検事による尋問を受けている (Department of Justice Division of Records 1941-42)。

一九四二年二月一九日、ルーズベルト大統領は大統領令九〇六六を発令した。この大統領令は、アメリカ西海岸を中心とする日系人を強制収容所に送ることを命じるものであった (Arrington 1997 : 12-13)。朝枝のアメリカにおける自由な生活は、こうして終わりを迎えた。彼の写真スタジオは同年に閉店の憂き目をみて、朝枝は妻とともに収容所に向かうことになった (Bustos 2009)。

二　収容所での生活

†タンフォラン集合センター

朝枝の生活していたサンフランシスコの日系人は、多くの場合二段階の移動をしたようだ。まずカリフォルニア州の近場の集合センターに半年ほど留め置かれ、その後各収容所へと再度移転させられた。日系人の強制退去はあまりに急ピッチで進められたため、彼らを収容する施設の建設がまにあわなかったがゆえの措置であったという（ヒラスナ二〇一三; Arrington 1997：17）。

朝枝は、妻とともにまずカリフォルニア州サンブルーノに位置するタンフォラン集合センターに送られた。もともとは競馬場であったタンフォランは、その跡地を利用して全米各地合計一七ヶ所にある集合センターのひとつとされたのである。同所は、一九四二年四月二八日から同年一〇月一三日まで開設されていた。およそ半年に満たないあいだの仮設的な施設であった。

こうした過渡的な滞在であったに過ぎなかった一方で、収容所の生活を無味乾燥なものにしない努力が払われていた。日系人芸術家チウラ・オバタ（カリフォルニア大学バークレイ校）は絵画教室を開講していた（ヒラスナ二〇一三）。朝枝自身がタンフォランで何をしていたのか、詳細は不明である。こうした芸術コミュニティにかかわっていたという証拠はいまのところない。ただし入所後のかなりはやい段階から、朝枝が収容生活を題材に水彩画に描き出していたことは判明している。現在、少なくとも二〇点の水彩画が確認できている。

†トパーズ収容所

朝枝夫妻は、ついでユタ州ミラードカウンティの砂漠のなかに位置するトパーズ収容所に移送された。一九四二年一〇月一日のことであった（United States. War Relocation Authority 1945 : 8）。この収容所は、一九四二年九月一一日から一九四五年一〇月三一日まで開設され、ピーク時には八一三〇人の日系人が収容されていた（Arrington 1997 : 17）。収容されたほとんどの人が、朝枝と同様、サンフランシスコのベイエリアを生活圏とする日系人であった。当初移送された八二五八人のうち七六七六人がタンフォラン集合センターからきていた（Arrington 1997 : 45）。

収容所という物理的に隔離された人々であったとはいえ、八千人以上の人口を擁する小さな社会でもあった。そこには多士済々多様な人材が揃っていた。タンフォランからはチウラ・オバタが引き続き芸術的な啓発活動を行っていた。彼以外にも画家にはミネ・オオクボがいた。さらに、ヴォードヴィルの柔道芸人フランク・タケウチ、バーナム・ベイリーサーカス団にいたジョゼフ・イトウなど枚挙にいとまがないほどであった（Arrington 1997 : 26 ; ボズワース 一九八三：二〇三―二〇四)。

朝枝は、成人した収容者を相手に地理学の講師をしていた。アメリカの地理的事情について毎年のように講義をしていたことが新聞記事から確認できる（Topaz Times 1942a : 7, 1943f, 1944a)。彼に白羽の矢がたったのは、「日本の中学で地理を教授」した経験があり、「広く米国を旅行していられる」彼こそが、「当地より転住するに、特に行先の地状を詳しく知る事は最も必要であり、米国政府の方針としてこの点に最も力を入れている」という講義の目的にふさわしいと判断されたからであった（Topaz Times 1942b : 7)。

月給は一九ドルで（Santa Cruz Sentinel News 1963 : 2)、収容所内の給与としては最高額に相当する（ヒラスナ二〇一三)。「高度な記述と重い責任を伴う専門的雇用者」に支給され、トパーズ収容所にいた日系人で同じ範疇の給与が給付されていたのは、受給対象者二八二七人のうち二四一人で、約九パーセントの人々であった（Arrington 1997 : 34-35)。

収容されていた時、朝枝はいくつかの文化的イベントにも参加していた。ここではそれについても紹介したい。前述した経緯からトパーズの居住者の大半はカリフォルニア州の日系人で占められていた。そうしたなか、一九四三年三月一六日、ハワイ出身の日系人二二六人が新たな収容メンバーとなったことがあった（Topaz Times 1943a : 2)。新たな入所者を歓迎するため、一九四三年五月一五日から一七日の三日間にかけて、トパーズ収容所の日本語図書館主催で布《ハ》哇《ワイ》展覧会が開かれた。同展覧会のなかには、ハワイの日系人側から感謝を示すため、「布哇同胞が同地の砂島監禁所に収容中発掘しては、真に指より血を流し乍ら磨き上げ或は細工した珍貝類無慮一万点並に手工芸品」(Topaz Times 1943c : 1, 1943e : 4) が展示された。一方でトパーズ側は、朝枝がハワイ近海の珍しい魚の絵を展示に供して、展覧会に花を添えた。催しは大成功だったようだ。五〇三二名の観客が訪れるなど、収容所はじまって以来の大盛況であったという (Topaz Times 1943d : 3, 1943e : 4)。

一九四五年二月一四日には、朝枝の作品をもとにした別の展覧会が、トパーズの高校図書館にて開催されていた。作品はトパーズの風景や熱帯魚の水彩画からなり、二六日には、展覧会にあわせて朝枝による講演が行われた。彼は、自身の旅行の経験から、魚の写真の撮り方までの話題を提供したという (Topaz Times 1945 : 4)。

かねてよりの博物学関連の業界との縁も切れていなかった。朝枝はユタ州の陶器の破片についてアメリカ自然史博物館からの問い合わせの窓口になっていた (Topaz Times 1943b : 2)。収容所内での科学的な活動の詳細は不明である。しかしながら、アメリカで九番目に大きな隕石を収容所の同胞が発見した際に、スミソニアンが購入することになっている (Arrington 1997 : 46; Topaz Times 1944b, 1944c)。この例が示すように、収容者が行う科学的な取り組みには一定の理解が示されていたのかもしれない。

これらの公的な用務から外れた私的な時間を、朝枝は、収容所の風景画を描くことに割いていた。彼のトパーズ時代の風景画は、四〇枚以上その存在が確認できている (口絵、カラー図版

8、カラー図版9)。朝枝が妻とともに収容所から解放されたのは、一九四五年一〇月一四日のことであった(United States. War Relocation Authority 1945 : 8)。

三　戦後のアメリカにて

†カリフォルニア工科大での化石の整理

第二次世界大戦後収容所から解放された西海岸の日系人は生活の再建に追われていた。朝枝はどう乗り切ったのだろうか。退所直後の半年近くの履歴には、不明な点が多々ある。しかしこれまで身につけた技術と培ってきた人脈によって、何らかのポジションを手にしていた様子がうかがえる。おそらく慣れ親しんだカリフォルニア界隈のことであろう。一九四六年の三月から六月にかけて、ダウンタウンの写真スタジオで三ヶ月ほど働いていた。◇2

一九四七年一月、旧知のロバート・ミラー（カリフォルニア科学アカデミー館長）の推薦状を頼りに、朝枝はようやく熱望していた研究にかかわる仕事についた。カリフォルニア工科大学にいた無脊椎動物に関する古生物学者・生物層序学者ワイアット・ダーラムのもとでポジションを得たのだ。彼の業務は、出版や展示で使用するために化石の鋳型を取り、撮影し、カタログ化することであった。ダーラムは、中生代・第三紀無脊椎動物のコレクションを充実させたのみならず、分類・カタログ化されていなかったタイプ標本を集中的に探索・精査することで、コレクションの質を二〇世紀の基準に引き上げたとして学史上評価されている人物である◇3

(California Institute of Technology 1948 : 28, 62; Langenheim 1999 : 5)。

朝枝にとっても第一線の専門家のもとでそれまでに身につけた技量を存分に発揮でき、やりがいを感じていたに違いない。ただしカリフォルニア工科大への在籍は、結果として短期に終わった。諸般の事情で朝枝自身が転職を希望するようになったからである。理由は大きく三つある。ひとつは、一九四七年六月に直属の上司であったダーラムが退職したこと。そのため朝枝は相対的に暇になり、仕事に張り合いがなくなったという。二つ目は、任期の延長が可能か不安を抱いていたことである。ただしこちらは一九四八年に地学部門の調査助手という任期のない身分を得てからある程度払拭されている。そして最後の三点目に、おそらく一番重要であったのが家庭の事情である。朝枝本人というより配偶者の方だ。長年カリフォルニアのベイエリアを拠点としていた朝枝の妻にとって、話し相手のいないロサンゼルスのパサデナでの生活は孤独で苦痛に感じられたようだ◇4。

そこでカリフォルニアのベイエリアへの引っ越しを念頭に置いて、職探しに取りかかった朝枝であったが、選択肢は限られていた。理由は、彼の国籍と関係している。当時、朝枝はアメリカの市民権を保持しておらず、公立の機関に職を求めることができなかったのである。カリフォルニア工科大学にて朝枝の上司であったダーラムの手紙がそのあたりの事情を裏書きしている。ダーラムは退職後にカリフォルニア大学の古生物博物館の館長代理を務めていた。朝枝に対する彼からの推薦状には、国籍の問題がなければ転出先の博物館で朝枝利男を雇いたかったと明記している◇5。

最終的には戦前からの縁もあって、朝枝利男はカリフォルニア科学アカデミーに職を得ることができた。着任は一九四九年三月以降で、年収は三千ドルであったという◇6。

不安定な身分の時期に朝枝に起きた出来事として特筆すべきことがひとつある。かつての探検隊の隊長で、朝枝をメンバーに加えてくれたテンプルトン・クロッカーが長い闘病を経て死去したのだ。一九四八年一二月一二日。六四歳であった。クロッカーの没後に出された新聞記事は興味深い事実を伝えている。クロッカーの遺産分与において、姉妹や不動産管理人に並び、クロッカー探検隊のメンバー二名の名前が配分者としてあげられているのだ。そのうち一名が、ほかならぬ朝枝利男である。朝枝は、五〇〇〇ドルの遺産の受取人とされていた（Santa Cruz Sentinel News 1948 : 4)。

一九三〇年代の探検終了後の朝枝とクロッカーが互いに交流を続けていたのかどうかを示す記録はない。朝枝がユタ州の収容所で暮らすなかで、連絡をとりあっていたのかもわからない。しかしこの遺産配分のエピソードは、クロッカーが朝枝のことを終生気にかけていた証拠であろう。朝枝としても収容所から解放されたとはいえ、安定した身分を確保できずに、先行きが不透明であった時期に、旧友からの特別な配慮を知り心打たれたのではなかろうか。

†カリフォルニア科学アカデミーの学芸員

朝枝の転職活動は功奏した。一九四九年からカリフォルニア科学アカデミー展示部門の補助学芸員に任命されている（The Museum News 1949：3; California Academy of Sciences 1949a, 1949c）。こうして朝枝は古巣への帰還を果たした。妻も、知人の多いサンフランシスコでの生活というかねての希望をかなえて満足していたであろう。朝枝一家は、このあとサンフランシスコを離れることはなかった。朝枝自身も転職することなく一六年間勤めあげ、この土地で永眠している。妻も終生彼に寄り添っていた。

カリフォルニア科学アカデミーへの着任後、朝枝はさっそく一九三〇年代のクロッカー探検隊での経験をいかした展示を行っている。「太平洋の未踏地を行く」と題された展示はカリフォルニア科学アカデミーの北アメリカホールにて、一九四九年五月頃に開かれた。朝枝がクロッカー探検隊の一員として撮影したガラパゴスのウミイグアナから太平洋の人々までの二二枚の写真が展示されたという◇7（California Academy of Sciences 1949b：4）。朝枝にとってカリフォルニア科学アカデミーへの自己紹介のみならず、クロッカーの没後に彼との探検を回顧し、クロッカーを追悼するという彼個人にとっての意味あいがあったかも知れない（図11）。

アメリカは、戦後の経済成長の時期を迎えており、朝枝夫妻の生活も安定していた。一九五五年にはアメリカ国籍を取得している。またカリフォルニア科学アカデミーからほど近い場所に住居を構え（R.L. Polk & Co 1951：88）、引退後の一九六六年——死の二年前である——まで同

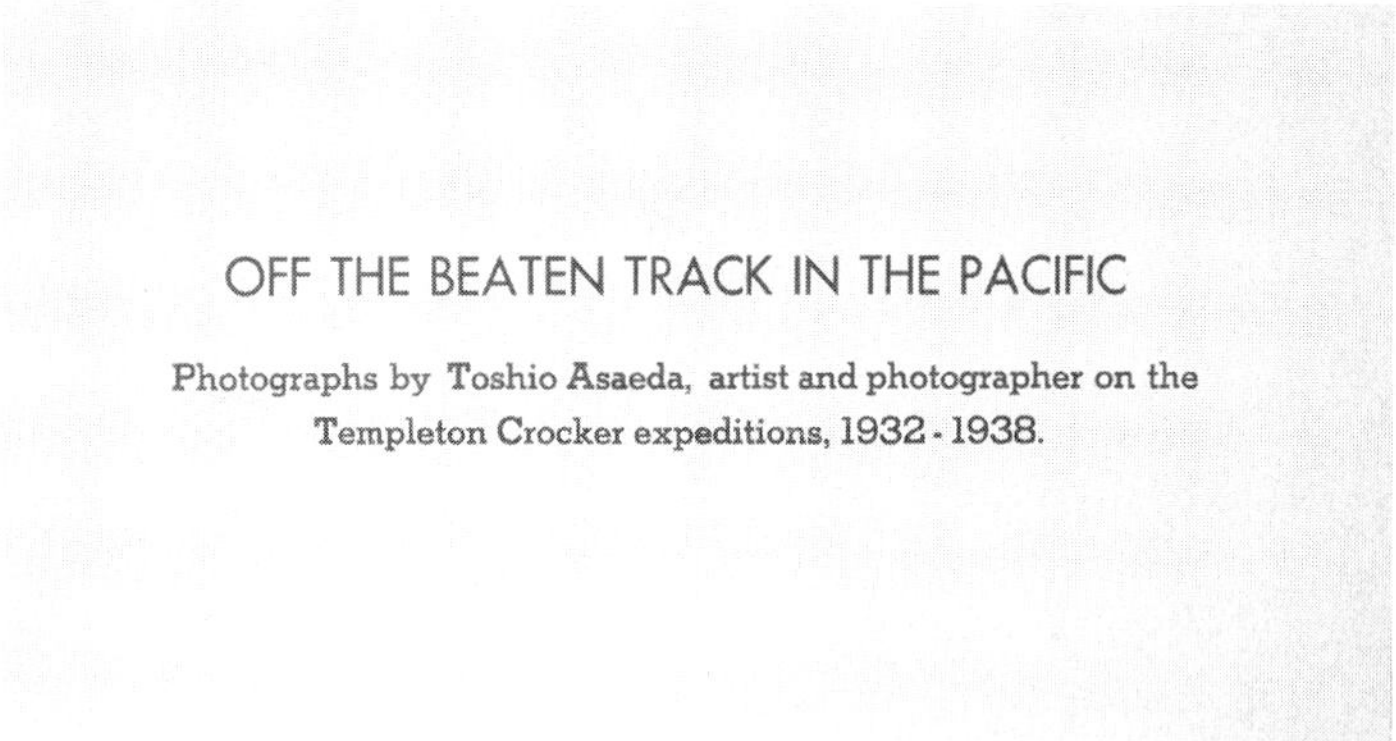
OFF THE BEATEN TRACK IN THE PACIFIC
Photographs by Toshio Asaeda, artist and photographer on the
Templeton Crocker expeditions, 1932 - 1938.

図 11　展示で使われたプレート（国立民族学博物館朝枝利男コレクション）

じ場所で暮らしていたことが確認できる（新日米新聞社一九六五：三三四）。

朝枝のカリフォルニア科学アカデミーでの業務は、博物館における展示であった。学位をもっていなかった彼は、いわゆる研究部門における専門家として雇用されていたわけではない。博物館資料の保存や展示にかかわる仕事に主に携わっていくことになった。アカデミーのスタッフとともに遠く離れた世界に探検に赴く戦前の活動とは異なり、アメリカ国内での出張もあまりなかったようだ。彼の業務は、もっぱら博物館内での諸事となった。朝枝はさっそく展示場や広報誌からニュースレターなどに写真を提供しはじめている[◇8]。

比較的大きな仕事としては、後にシムソン・アフリカホールと呼ばれることになるアフリカホール展示の改装があげられる。アメリカ人エンジニアのレスリー・シムソンが一九三〇年代のアフリカ探検の際に収集した動物標本をもとにして、展示の改修がなされたのである。朝枝もその役割を分担していた（San Francisco Public Schools Bulletin 1951 : 4）。

アフリカホールの改装の担当者はセシル・トセであった。彼の父親はカリフォルニア科学アカデミーの剥製師フランク・トセであったことから、彼は幼少期よりアカデミー界隈で技術的鍛錬を受けていた。セシルは、朝枝の経歴と数奇なかたちで交叉している人物であった。彼がニューヨークのクラーク・スタジオで働いていた時期に、朝枝も同じスタジオに所属していた（Taxidermy Hall of Fame n.d.）。父親フランクの死後はセシルがアカデミーの展示部門を担うことになり、その片腕として朝枝に白羽の矢がたったわけである（San Francisco Public Schools Bulletin 1951 : 4）。

アフリカホールの改装スタッフでもう一人紹介したい人物に、ライ・スタンフォード・ストロングがいる。ライ・ストロングはアメリカ西海岸の風景画で知られる画家で、一九三五年にアメリカ森林局のジオラマの製作をしている。カリフォルニア科学アカデミーの剥製師セシルは、ジオラマ製作を通じてライと知り合いになっていた。また二人はマリンカウンティでの屋外スケッチに一緒に出かけるなどプライベイトでも友人関係であったことから、ライが展示改修に招聘されるに至ったとされる（Humpal 2017 : 161-162）。朝枝は水牛の剥製の製作を担当したのみならず、ライとともに背景画を描いていた（San Francisco Public Schools Bulletin 1951 : 4）。また朝枝は、展示改修のレポートをつくる役まで担っていた（Tose and Kelly 1950 : 16-19）。

こうして完成されたアフリカホールは、一九五一年一一月に一般公開された。ジオラマ展示

写真109　水牛の剥製をつくる朝枝利男（右）。奥にみえるのがクーズーの剥製（国立民族学博物館 X0081745）

されたクーズーの剥製は、セシルの剥製師の最大の業績と目され、展示場も国中の注目を集めたという（Humpal 2017：162）（写真109、写真110）。その後も、一九六〇年にサイの剥製を製作するなど（California Academy of Sciences 1960：23）（写真111）、晩年の朝枝は剥製師という役割が前面にでることが多くなっている。

一方でこれまでの朝枝の経験から少し離れたタイプの展示にも携わっていった。惑星の景観である。一九五六年、カリフォルニア科学アカデミーのプラネタリウムにて開催された展示「火星の人類」では、多色プロジェクターを活用して三六〇度で火星の風景を観賞できた。この火星の砂漠の風景を描いたのが朝枝であった（Mill Valley Record 1956：10、Santa Cruz Sentinel-News 1956：24）。朝枝がこれらの絵画をどう描いたのかわからない。ただし火星つい

写真 110　展示場におかれたクーズーの剥製（撮影：朝枝利男、国立民族学博物館 X0081780）

写真 111　展示場におかれたサイの剥製（撮影：朝枝利男、国立民族学博物館 X0081765）

て、「二〇年以上前にした観察をもとに理想化して描いた」という彼の談話記録があるので、おそらく同じような方法で描かれたと思われる（Bunton and Norton 1961：28-29）。ほかにも一九六四年には、「先史時代の生活ホール」が改装され、彼は古生物の化石の展示にも参加している（California Academy of Sciences 1964：16）。

博物館事業として、来館者サービスに対応していた（California Academy of Sciences 1965a：15）。興味深い例としては、日本の皇室との関係があげられる。カリフォルニア科学アカデミーには、一九六〇年には当時の皇太子が訪問しており（Herald 1960：37）、翌年には昭和天皇にカリフォルニアの水生生物のフィルムを寄贈している。このフィルムの題字を日本式に仕上げる作業は、朝枝が担当していた（New Japanese American News 161：1）。

皇室関係者の来館時に朝枝がどのような役割を実際に担ったのか、明治生まれで戦時中には日系人として収容所での生活を余儀なくされ、戦後はアメリカで市民権を得ていた朝枝がどのような感情を抱いたのか。残念ながらそれらを知るすべはない。ここでは彼の日系人としての数奇な経験があったことを記すに止めておく。

†作品製作と展示

本書における朝枝の小伝のしめくくりとして、彼が業務のあいまに傾注していた作品の製作と展示について紹介したい。前述した着任直後の展示のほか、カリフォルニア科学アカデミー

写真112　ウォーター・ライフ・デザイン展（撮影：朝枝利男、国立民族学博物館 X0104136）

では、一九五一年一一月に水彩画の展示を開催している。一九三〇年代にクロッカー探検隊に参加した際につけていたフィールドノートをもとに彼が描いた、四〇種類に及ぶ熱帯地方の魚類の絵画合計二二枚が展示された(New Japanese American News 1951：4)。

その後、朝枝は退職までに二度、カリフォルニア科学アカデミーにて特別展示に作品を提供している。ひとつが一九六一年に開催された、「海底の世界」と題された展示である。彼は水彩画を提供している。もうひとつが翌一九六二年五月六日から九月三日に開催された、ウォーター・ライフ・デザイン展である◇[9](写真112)。

時間は前後するが、サンフランシスコの地元の展示会にも出品している。一九五四年にサンフランシスコ・ジュニア博物館で、つい

写真 113　木彫の小鳥（撮影：朝枝利男、国立民族学博物館 X0081663）

でオークランド公立図書館に巡回して開催された「自然への入り口」展に参加しているのである。これは先述のライ・ストロングの肝いりで行われ、カリフォルニアのマリンカウンティの自然とかかわる作品の展示を趣旨としていた。実際、アンセル・アダムズやパークル・ジョーンズといった有名写真家によるカリフォルニア・トマレス湾のレッドウッドの写真壁画などが並べられていた。朝枝は在来鳥類の彫刻三三羽を提供して、展示に色を添えていた（Mill Valley Record 1954 : 2; Sausalito News 1954 : 6; Humpal 2017 : 179-180）（写真113）。さまざまな博物学的技術に秀でていた朝枝であるが、彼の経歴のなかで彫刻作品の展示について言及されているのはここだけである。

四　朝枝利男の最期

さて世間的にはいまでは無名に等しい朝枝利男を追跡してきた本書もいよいよ最後である。朝枝は一九六五年に長年のあいだ勤めたカリフォルニア科学アカデミーを退職している。長年勤めた職場のニューズレターに載せられた、朝枝へのお別れの言葉を紹介したい。

†カリフォルニア科学アカデミーを退職

六月三〇日、およそ四〇年間にわたりＣＡＳ［カリフォルニア科学アカデミー］の中核を担ってきた朝枝利男展示準学芸員が退任し、アカデミーでの伝説的なキャリアに幕を閉じた。素晴らしい才能の持ち主である朝枝氏は、おそらくアカデミーの歴史の中で最も多く、展示会場にその名を刻んできた人物だろう。彼はあらゆる媒体において優れた画家であるだけでなく、剥製師、写真家、彫刻家、木彫家など、実際、創造的な職人技を必要とするほとんどすべての分野の名前をあげれば、利男はそれ以上の能力を発揮するだろう。彼のような人物と二度とめぐり会うことはないだろう（California Academy of Sciences 1965b）。

思いの込められた感動的な言葉ではないだろうか。「不本意ながら、私たちスタッフは、忘れがたい芸術家であり紳士であった利男」に対しての今後のご健勝とご活躍を捧げることで送辞は閉められている（California Academy of Sciences 1965b）。退職時のお別れパーティの席には、懐かしい人物が駆けつけていた。写真で朝枝の左側に立つ人物は、トーマス・ハウエルである。クロッカー探検隊の同僚としてともにクロッカー山の山頂まで登りつめた人物である（写真114）。クロッカー山初登頂時の写真でハウエルは後列右から二人目、朝枝は前列の右端にいる（本書第二章写真11）。登頂メンバーのリストを山頂に埋めたのもハウエルであった（本書第二章写真12、写真13）。退職パーティでは、二人とも齢を顔の皺に刻みつつも、楽しげにフィルムに収められている。往事の探検を語りあったことであろう。

　退職後の朝枝は、ガーデニングを趣味としていたという。妻の希望により日本へ帰国する準備も進めていた。妻の証言によると死の前年には、彼女の実家のあった長崎県に下見のため足を運んでまでいた。彼女曰く、日本への郷愁というよりは、彼女の希望を汲んでくれたとのことであった。晩年に至っても朝枝本人は住む場所にまったく頓着していなかったという。[◇10] お別れの言葉でご健勝を祈られた朝枝であったが、残念ながら引退生活を満喫する時間はさほど残されていなかった。一九六八年三月一八日に病気のため息を引き取っている。彼は日本に戻ることなく、サンフランシスコの地に埋葬された。

写真 114　朝枝利男の退職時の集まり（カリフォルニア科学アカデミー、1965 年、カリフォルニア科学アカデミー所蔵 N2283）

本書の最後の言葉に代えて、朝枝が長きにわたり奉職したカリフォルニア科学アカデミーからの追悼文を引用したい。

芸術の天才であり、その技と才能はアカデミー全体で明らかに示されている。芸術家、写真家、彫刻家、剥製師…利男は長年にわたり、静かで穏やかな道を歩み、何世代にもわたって来館者に喜びと啓発をもたらす遺産を築き上げた。彼を知り、ともに働いたすべての人々は、その経験によってより豊かになった。さらば、親愛なる友よ（California Academy of Sciences 1968）。

◇註

1　邦字新聞日米の一九四〇年五月三日三頁に掲載された広告。同様の宣伝は、複数の邦字新聞にて日英両言語で掲載されていた。

2　一九四七年一二月一七日付の朝枝利男によるロバート・ミラー宛ての書簡に添付された履歴書を参照。カリフォルニア科学アカデミー所蔵 CAS026。

3　一九四七年一二月一七日付の朝枝利男によるロバート・ミラー宛ての書簡及び履歴書を参照。カリフォルニア科学アカデミー所蔵 CAS026。

4　一九四七年一二月一七日付の朝枝利男によるロバート・ミラー宛ての書簡、同一九四八年一一月三日書簡を参照。カリフォルニア科学アカデミー所蔵 CAS026。

5　一九四七年一二月二六日付のロバート・ミラーによる朝枝利男の推薦状を参照。カリフォルニア科学アカデミー所蔵 CAS026。同館所蔵のこの時期の朝枝の書簡（たとえば、一九四八年一二月一二日など）には国籍についての言及がしきりにみられる。

6　一九四九年一月一〇日付のカリフォルニア科学アカデミーからの朝枝利男宛て書簡を参照。カリフォルニア科学アカデミー所蔵 CAS026。

7　参照した文献には、トロブリアンド諸島民の写真も展示されたとあるが、この点の詳細は不明である。なぜならクロッカー探検隊は、トロブリアンド諸島はもとよりパプアニューギニアに訪問していないからだ。クロッカー探検隊の発足に先立ち、クロッカーは世界旅行を敢行した際にトロブリアンド諸島に立ち寄っている。展示では、その際の写真を混じえたと思われる。国立民族学博物館の朝枝利男コレクションには、朝枝が現像したトロブリアンド諸島の写真が若干混じっている。

8　煩瑣になるので詳細を記さないが、たとえばカリフォルニア科学アカデミーが定期刊行している冊子Pacific DiscoveriesやNewletterには、朝枝のクレジットのもとの写真が多くみつかる。

9　この情報は，カリフォルニア科学アカデミーの学芸員レベッカ・キム氏にご教示いただいた（二〇二〇年二月二〇日の筆者宛ての私信）。

10　テレビ西日本制作のテレビ番組（『ガラパゴスから南太平洋へ――南海に楽園の夢を追った日本人』一九九〇年五月一九日上映、フジテレビ・土曜スペシャル）における朝枝の妻の証言を参照のこと。

あとがき

一　謎に包まれた私生活

本書では、これまで朝枝利男の生涯をたどってきた。渡米にいたる前半生からはじまり、なかでも彼の人生のハイライトともいえるガラパゴス諸島への探検を中心に紹介した。私が朝枝に関心を抱いた当初は、そもそも彼がどういった人物であるのか判然としなかった。現時点から当時のことを思い返すに、これまでの調査の結果、随分見通しがよくなったと考えている。朝枝利男が太平洋のどこに行き何をみたのか。見聞記をどのように作品にして、公刊していたのか。探検隊ではどのような役割でどういった活動をしていたのか。本書を読み終えた読者にも、ある程度の概要がつかめたのではないかと思う。しかし依然として残された謎がある。最大のものは、朝枝利男の私生活だ。

朝枝利男の私生活の断片は、所蔵コレクションの資料の一部や寄贈の経緯にかかわる書類、及び調査のなかで入手した資料のそこかしこから垣間みられる。たとえば、アメリカ滞在中に結婚したことはわかっている。国立民族学博物館所蔵の朝枝利男コレクションのなかには、彼の妻を含めた日本人関係者の写真などがある。また朝枝の人生がテレビの題材とされた時に、彼の妻が登場して往事の朝枝利男について語ってさえいる。

しかし正直なところこれらから得られる情報は非常に限られている。朝枝利男コレクション所蔵の日本人の被写体で人物同定ができるのは、妻だけである。それ以外の人物は、コレクションに含まれているという事実、寄贈の経緯、そしてコレクションにおける写真の並びや被写体の状況から、私が朝枝の関係者と推測しているに過ぎない。もちろん名前もわからない。

したがって本書の主人公たる肝心の朝枝本人がどういった家庭環境のもとで育ったのか、実家の家業すら判然としない。裕福な家族の出だったことは間違いないが、それにもかかわらず両親の名前もわかっていない。いくつかの資料の断片から朝枝に弟や従兄がいたことは間違いないし、兄弟姉妹の名前もわかっている。しかしそれ以上のことは把握できない。

実は私はいつくかの状況証拠から、朝枝の家族関係についてひとつの仮説をもっている。いまのところこの仮説に反する資料はあらわれていない。同時に公表するにはもう少し慎重であるべき段階とも考えている。朝枝について調べる旅を続けるなかで、私自身が必要以上に彼の人生の細部に囚われるという、客観的には不必要な作業に取り憑かれているという危惧はなきにしもあらずだ。そう反省しつつも、朝枝について知りたいという欲求がやむことはない。

彼の写真コレクションについてもまだ探りたい点がある。国立民族学博物館に寄贈されている朝枝利男の自作アルバムは、ゼーン・グレイとの旅からはじまり、クロッカー探検隊による最後の探検までがカバーされている。朝枝がかかわったアメリカでの探検としてはすべてを網羅していることは、ほぼ間違いないだろう。その一方で気になる点がある。一番古いアルバムは一九三〇年一二月からはじまるのであるが、当該アルバムの表紙には朝枝の手で一六の番号がふられているのだ。もしこれが一五番までのアルバムの所在を示唆しているのであれば、何をおいても拝見したいものである。そこには幼少期の家族関係の写真、学生時代に行った日本各地への博物学や地学への関心にもとづく観察や収集、アメリカのシカゴやニューヨークでの修業時代、そしてサンフランシスコでのハイキングや私生活の写真があるのではないだろうか。

二　朝枝が参加したもう一つの探検

朝枝の探検とかかわる側面で、扱いきれていない点としては、ゼーン・グレイとの旅行がある。国立民族学博物館には、ちょうどその時期の朝枝が付けていた日記があり、カリフォルニア科学アカデミーにはグレイと同行中の朝枝の手による書簡が何枚かと彼の収集した魚の標本が残されている。グレイ側の資料としてはアメリカ合衆国ユタ州プロヴォにあるブリガムヤング大学図書館のアーカイブに確認出来る。当方が把握している資料は以上であるが、クロッカー探検隊の時期に比べると朝枝の活動が鮮明に記録されているとは言い難く、見劣りするという印象はいなめない。

ゼーン・グレイは日本での知名度は劣るものの、アメリカの大ベストセラー作家で生涯に膨大な著作をものしている。ところがなぜか朝枝が参加した探検についてはあまり書き残していない。ブリガムヤング大学の所蔵資料によるとグレイは断続的に日記を付けていたが、なぜか朝枝との旅行期間の日記だけが欠落している。朝枝が参加していたグレイの旅の様子を撮影した短編映画は残されている。ところがフィルムの内容をみる限り朝枝に関する情報は非常に少ないといわざるを得ない。

グレイによる朝枝への直接的・間接的な言及を若干みつけることがかなったのは、唯一、グレイが妻と頻繁にやりとりしていた書簡のなかである。同資料のおかげでグレイと朝枝といつ頃どういった経緯で知り合ったのかいまでは推測できる。一方でグレイとの旅のあいだに朝枝が描いていた水彩画は、同館にも所蔵されていなかった。これら一群の水彩画について現時点で確実にいえるのは、そのうちいくつはグレイの遺族の手元に残り、その一部は市場に流れたということだ。同僚のピーターが購入した朝枝筆の水彩画にはこのことを裏書きする由来書が付されていた。またこれまで私が画廊で確認出来た朝枝の水彩画のなかには、制作日時が明記されているものがあったが、それらは、いずれも朝枝がグレイとの旅行のあいだに作成した作品であることを示している。

本書では、朝枝が撮影した膨大な写真のなかから精選して掲載してきた。最後に、私が一番

写真115　船員に囲まれる朝枝利男（国立民族学博物館 X0075566）

好きな朝枝が映り込んでいる写真を紹介したい（写真115）。写真の中央で腕を組んで座しているのが朝枝利男である。楽しげに目を向ける友人に囲まれ、自身も柔かな笑みをたたえて、ことのほか満足そうだ。どのような機会に撮られたのか。せっかくだからと本来は撮影者として写真に写らない朝枝をひっぱりだして真ん中に据えているようにもみえる。船員らしき人々に囲まれており、おそらく場所はサンフランシスコの港だろうか。日本から遠く離れ、これまでの人生でまったくの交叉することのなかった人たちのなかで、日本人として前人未踏の探検にこぎ出した朝枝の充実した人生の一コマを切り取ったかのようである。私にはとても祝福された瞬間が映されているようにみえる。

そしてこの写真にも謎が含まれている。右

端で手を組んでいるのは、間違いなくゼーン・グレイである。では船乗りたちがグレイの知り合いかというと、そのあたりははっきりしない。朝枝の真後ろ最後列の中央にいる人物は、おそらくクロッカー隊の船員であるペマサ・ウトゥであろう。クロッカーが世界旅行に出かけた際にアメリカ領サモアでスカウトしたサモア人で、朝枝と同じくクロッカー隊の常連メンバーであった。そして二人は朝枝の妻を含めた家族ぐるみの付き合いをしていた。本館所蔵の朝枝の家族写真には、朝枝夫妻とペマサの三人が、おそらくサンフランシスコの金門橋と思われる場所を闊歩する写真が残されている。

このように被写体の情報を整理してみると、メンバーはグレイとクロッカーの知り合いが混じり合っている可能性がある。船乗りたちは仕事柄みな顔見知りだったのだろうか。それとも港でたまたま出会い、千載一遇と写真撮影に挑んだのだろうか。朝枝の写真を眺めていると時間はどれだけあっても足りなくなってくる。朝枝利男をめぐる旅にここまで乗り出した以上、これからも朝枝と彼のコレクションについて調べ続けていきたい。

三　初出情報

本書の一部は、これまでいろいろな媒体に発表してきた原稿がもとになっている。ただしいずれもその後の調査の成果にもとづき修正し、また本書の構成にあわせて改稿している。初出情報は以下となる。

序章　書き下ろし

第一章　朝枝が渡米するまでの経緯については、拙稿（二〇二一「探検家朝枝利男の修業時代——一九三〇年のアメリカ探検隊参加までを中心に」『国立民族学博物館研究報告』四六（二）：三四六—三六八）をもとにしている。朝枝のアメリカでの生活と探検隊参加まで及び探検歴については、拙稿（二〇二〇「一九三〇年代のアメリカにおける私的探検の考察——朝枝利男が参加した探検隊の旅程と経路の分析から」『国立民族学博物館研究報告』四四（四）：六二五—六八二）のうち本書とかかわる部分をもとにしている。

第二章　ほぼ書き下ろし。朝枝のガラパゴス体験に関しては拙稿（二〇二〇「朝枝利男の見たガラパゴス」『季刊民族学』四四（一）：八六—九四、二〇二〇「一九三〇年代ガラパゴスの旅」『月刊みんぱく』四四（二）：二一—二三）を公表している。

第三章　書き下ろし

第四章　書き下ろし

第五章　探検を終えた後の朝枝利男については、拙稿（二〇二一「探検家朝枝利男の後半生——アメリカ日系人収容所での生活から博物館での活躍まで」『経済志林』八八（三）：二一—四二）をもとにしている。

なお、本書では扱っていないが、朝枝の水彩画については以下の論考を公表している。それぞれ収容所と魚類の水彩画についての分析である。

丹羽典生二〇二二「風景に潜む私性——探検家朝枝利男によるアメリカ日系人収容所における風景画の分析」Arts/三八（一）：七七—八七。

Norio Niwa and Rebekah Kim 2023 Toward the Reutilization of Past Natural History Materials Regarding Tropical Marine Life in the Pacific Islands: Analysis of Watercolor Paintings by Toshio Asaeda from the Crocker Expeditions in the 1930s. *People and Culture in Oceania* 38: 35-50.

四　謝辞

本書は、国立民族学博物館におけるフォーラム型情報ミュージアムプロジェクト「民博所蔵「朝枝利男コレクション」のデータベースの構築——オセアニア資料を中心に」、フォーラム型人類文化アーカイブズプロジェクト「日本人の太平洋収集に関する総合的アーカイブスの構築」、共同研究「日本人による太平洋の民族誌的コレクション形成と活用に関する研究——国立民族学博物館所蔵朝枝利男コレクションを中心に」による研究成果の一部である。プロジェクトの推進にあたっては、様々な方からのご助力を得た。本書ですべてのお名前を列記することはかなわない。先述したプロジェクト関連のHP及びデータベース「朝枝利男コレクション」にて、ご協力者のお名前をあげさせていただいている。

本書との関係で特別にお名前をあげておきたいのは、ガラパゴス関係では、伊藤秀三氏（長崎大学名誉教授）、奥野玉紀氏（特定非営利活動法人日本ガラパゴスの会理事・事務局長）、ソロモン諸島関係では近森正氏（慶應義塾大学名誉教授）である（肩書きはいずれもお世話になった当時のもの）。データベースを作成する際に当該地域についてご教示いただいた情報は、本書を執筆するうえで大変な助けとなった。また大学院同期の大川真由子氏（神奈川大学教授）には多忙な業務のさなか、これまでの私の主要な論文と同様に、本書も全体にわたる査読・校正にご助力頂いた。

私の朝枝利男研究に関してご協力いただいている何人かの方に特に触れたい。朝枝が所属していたカリフォルニア科学アカデミーのレベッカ・キム氏は、朝枝利男の人生について深甚なる関心を共有する数少ない人物としてともに調査を進めている。同アカデミーのホームページから朝枝の水彩画コレクションを閲覧できるようになったのは、彼女のおかげである。彼女とは、いつか朝枝の魚類の水彩画を中心にすえたカラー画集を刊行する夢を語りあっている。なんとか実現したいものである。

国立民族学博物館の同僚のピーター・マシウス氏は、ほぼ無名の日本人をたどるという当方の酔狂なプロジェクトに嫌な顔ひとつせず、最初期から参加するのみならずいつも惜しみなく協力を申し出てくれている。思い返すに調査は一人で出かける性分であった当方がはじめてもった調査パートナーといえるかもしれない。タブレット片手に自信満々で道案内する彼に従ったため暮夜のサンフランシスコで迷子になった際には、生粋の民族植物学者である彼の「森の中で意図的に迷子になることが森林全体を知るためのおそらく最速の方法である」という論文の一節が脳裏をよぎったことを告白しておきたい。サンフランシスコでの迷子が植物学者の意図的な戦略であったのかどうか、いまとなっては確認するすべもない。しかるに、あの濃密な夜の空気に包まれながらみたサンフランシスコの美しい夜景は、あの時のあの場所で迷子にならなければ出会えなかったに相違ない。そもそも彼がいなければザカ号が建造されたサウサリトの港まで行くこともなければ、朝枝がスケッチしたユタ州のフィッシュレイクの砂丘を徘徊することもなかったであろう。本書第一章では、彼の流麗なスケッチ（朝枝がニューヨーク時代に滞在していたアパートメントの外観）の使用をご快諾いただいた。世界各地を気ままに移動して好きなスケッチを描く彼の姿をみるにつけ、朝枝の正当な眷属にふさわしいのは彼だと内心いつも考えている。

本書の構想は、子供たちと家族で博物学の調査（虫取りのこと）をするなかで思いついた。コロナの自粛期間中には、大阪の近辺を、ほぼ毎日のように出かけていた。豊中の林のなかで昆虫を探す際には、探検家朝枝の調査風景がつねに脳裏にあった。箕面では、後の昆虫学者江崎悌三が中学時代に毎日のように通ったという山を歩いた。先のみえず逼迫した物情騒然たる世情のなか、まことに穏やかな時を与えてくれた希有な体験として、いまでも当方の心の奥に深く刻み込まれている。終生忘れることはないであろう。その意味で妻佳世、長男智洋と次男篤史には、特段の感謝を捧げたい。分析のためににらめっこをしていた朝枝の筆による魚類の水彩画のコピーは、いまでは次男の筐底に秘されている。

拙論を読み朝枝に関する本の執筆をお声かけくださったのは、教育評論社の小山香里氏であった。彼女の編集のもと、多少なりとも読みやすい著作になっていることを願うばかりである。

二〇二四年九月八日　アメリカ合衆国ユタ州デルタにて

丹羽典生

附録

朝枝利男関連年表

年	月日	出来事
一八九三年	一二月九日	朝枝利男誕生
一九一六年		東京高等師範学校予科入学
一九一七年		同校理科三部本科入学
一九二〇年	三月	同校理科三部甲組卒業 麻布中学で教鞭をとる
一九二三年	三月	麻布中学退職
一九二三年	三月二〇日	横浜を出港、アメリカに留学に向かう
	六月一五日	『徒歩者の為めの趣味の登山』の刊行
	九月一日	関東大震災
一九二四年		ニューヨークのクラーク・スタジオに在籍
一九二九年	七月二八日	コダック社の写真展で入賞
	一〇月二四日	アメリカの大恐慌
一九三〇年	一二月から翌年七月まで	ゼーン・グレイとの旅行 （訪問先：仏領ポリネシア、トンガ、フィジー、ニウエなど）
一九三二年	三月一〇日から九月一日まで	カルフォルニア科学アカデミーのテンプルトン・クロッカー探検 （訪問先：ガラパゴス諸島を含めた中米沿岸など）
一九三三年	三月二日から九月一五日まで	ソロモン諸島へのテンプルトン・クロッカー探検 （訪問先：ソロモン諸島、パルミラ、クック諸島、サモア、フィジーなど）
一九三四年	九月一五日から翌年四月一六日まで	東ポリネシアへのアメリカ自然史博物館のテンプルトン・クロッカー探検（訪問先：マルケサス諸島、フランス領ポリネシア、ピトケアン、ラパヌイなど）

一九三五年	一一月六日	テンプルトン・クロッカーによるメキシコ・バジャへの釣り旅行（訪問先：メキシコ）
一九三六年	三月一六日から五月二八日まで	ニューヨーク動物協会のテンプルトン・クロッカー探検（訪問先：カリフォルニア半島沿岸）
	八月一八日から翌年一月一七日	サモアとハワイ諸島へのアメリカ自然史博物館のテンプルトン・クロッカー探検（訪問先：ハワイ、キリバス、サモアなど）
一九三七年	一一月六日から翌年五月	ニューヨーク動物協会の東太平洋探検（訪問先：メキシコ、エルサルバドル、ニカラグア、コスタリカ、コロンビアなど）
一九四〇年		サンフランシスコのグランアヴェニューに写真スタジオを開く
一九四一年	一二月七日（ハワイ時間）	真珠湾攻撃、太平洋戦争開戦
一九四二年		カリフォルニア州のタンフォラン集合センターへ送られる
	一〇月一日	ユタ州のトパーズ収容所へ送られる
一九四三年	五月一五日から一七日まで	収容所内で開催された布哇展に魚の水彩画を出品
一九四五年	二月二四日	収容所内で、トパーズの風景画と魚の水彩画の展示が開催
	一〇月一四日	トパーズ収容所から出る
一九四九年	三月	カリフォルニア科学アカデミーで職を得る
一九五五年	三月二二日	アメリカに帰化する
一九六五年	六月三〇日	カリフォルニア科学アカデミーを退職
一九六八年	三月一八日	サンフランシスコにて死去

参考文献

◆日本語

秋道智彌　一九八七「太平洋をいかだで航海したヘイエルダールの冒険。」『イースター島』東京：日本テレビ放送網、七四―七五頁。

朝枝利男　一九二三『徒歩者の為めの趣味の登山』東京：東京啓発舎事務局。

――――　一九三二a「科学探検記――無人境ガラパゴス」『東京朝日新聞』八月一一日：八。

――――　一九三二b「科学探検記――無人境ガラパゴス」『東京朝日新聞』八月一二日：一〇。

――――　一九三二c「科学探検記――無人境ガラパゴス」『東京朝日新聞』八月一三日：一〇。

――――　一九三三a「無人島探検記」『新青年』一四（七）：三一五―三二二。

――――　一九三三b「無人島探検記」『新青年』一四（八）：三一六―三二二。

――――　一九三三c「無人島探検記」『新青年』一四（九）：二三五―二四二。

――――　一九三三d「無人島探検記」『新青年』一四（一一）：三一六―三二二。

――――　一九三四a「南太平洋の怪奇を探る（承前）」『世界知識』七（一）：一三八―一四四。

――――　一九三四b「南太平洋の怪奇を探る（三）」『世界知識』七（二）：二八二―二八九。

――――　一九三六「南太平洋上の秘境イースター島探見記」『科学画報』二五（九）：四九―五三。

――――　一九三八「進化論を語るガラパゴスの鳥類」『植物及動物』六（一）：七五―八二。

麻布学園百年史編纂委員会（編）一九九五『麻布学園の一〇〇年　第一巻　歴史』東京：学校法人麻布学園麻布中学校・麻布高等学校。

荒木高伸　一九八八「ウミイグアナ」『朝日新聞』四月一七日：三三、三五。

伊藤秀三　一九八三『新版　ガラパゴス諸島――「進化論」のふるさと』東京：中央公論社。
――――　二〇二〇「ガラパゴス研究史におけるクロッカー調査隊と朝枝利男」『月刊みんぱく』四四（二）：四―五。
伊藤秀三・西原広（編）　二〇一六　『日本・ガラパゴス五〇年史』第0・1版　東京：特定非営利活動法人日本ガラパゴスの会。
漆原和子　二〇一七「カルスト地形――溶解のメカニズムと地表に現れた各種カルスト地形」小池一之・山下脩二・岩田修二・漆原和子・小泉武栄・田瀬則雄・松倉公憲・松本淳（編）『自然地理学事典』東京：朝倉書店、二四六―二四七頁。
大蔵省印刷局（編）　一九一一「學事」『官報』八四三九：一五七―一五八。
大坪寿美子　二〇一三「日米優生学の接点――生物学者山内繁雄を中心にして」山崎喜代子（編）『生命の倫理三――優生政策の系譜』福岡：九州大学出版会、一三一―一六〇頁。
片山一道　一九九一　『ポリネシア人――石器時代の遠洋航海者たち』京都：同朋社出版。
川村伸秀　二〇一七『斎藤昌三――書痴の肖像』東京：晶文社。
斎藤良輔（編）　一九九七『郷土玩具辞典』東京：東京堂出版。
新日米新聞社　一九六五　『全米日系人住所録　一九六六年度版』ロサンゼルス：新日米新聞社。
新村出（編）　二〇一八　「新青年」新村出（編）『広辞苑』第七版、東京：岩波書店、一五一四頁。
高島春雄　一九四一『動物園での研究』研究社。
近森正　一九八八　『サンゴ礁の民族考古学――レンネル島の文化と適応』東京：雄山閣。
千原光雄　一九九九「アメリカの学者達が選んだ今世紀を代表する藻学者山内繁雄博士」『藻類』四七（一）：七六―七七。
東京高等師範学校（編）　一九一六『東京高等師範学校一覧――自大正五年四月至大正六年三月』東京高等

師範学校。

――――一九一七『東京高等師範学校一覧――自大正六年四月至大正七年三月』東京高等師範学校。

――――一九二一『東京高等師範学校一覧――自大正十年四月至大正十一年三月』東京高等師範学校。

トレハン、ジョン　一九九一『ガラパゴスの怪奇な事件』東京：晶文社。

長岡規矩雄　一九三五「現代名家蒐集番附」『キング』三月号：一四五。

日外アソシエーツ（編）　二〇一四『事典 日本の科学者――科学技術を築いた5000人』（板倉聖宣監修）、東京：日外アソシエーツ。

日米　一九二三「天洋丸の渡米者」『日米』三月一三日：五。

丹羽典生　二〇二〇「一九三〇年代のアメリカにおける私的探検の考察――朝枝利男が参加した探検隊の旅程と経路の分析から」『国立民族学博物館研究報告』四四（四）：六二五―六八二。

――――二〇二一「探検家朝枝利男の修業時代――一九三〇年のアメリカ探検隊参加までを中心に」『国立民族学博物館研究報告』四六（二）：三四九―三六八。

丹羽典生・石森大知（編）　二〇一三『現代オセアニアの〈紛争〉――脱植民地期以降のフィールドから』京都：昭和堂。

長谷正人　二〇〇八「ジオラマ化する世界」青弓社編集部（編）『写真空間1　特集「写真家」とは誰か』東京：青弓社、二二五―二四四頁。

ヒラスナ、デルフィン　二〇一三『尊厳の芸術――強制収容所で紡がれた日本の心』（国谷裕子監修）、東京：NHK出版。

平田勝政　二〇〇二「大日本優生会の研究」『長崎大学教育学部紀要　教育科学』六三：一五―二九。

ボズワース、アラン　一九八三『アメリカの強制収容所――戦時下日系米人の悲劇』（森田幸夫訳）東京：新泉社。

宮下敦　二〇一九「第二次世界大戦前までの日本の教育用地形模型の歴史——西村健二の精密立体地形模型」『サステナビリティ教育研究』一：二七—三五。
山内繁雄　一九二三「序」朝枝利男『徒歩者の為めの趣味の登山』東京：東京啓発舎事務局、一—五頁。
山口昌男　一九九五『「敗者」の精神史』東京：岩波書店。
弥吉光長（監修）　一九八六『図書月報　広告編』第二一巻、東京：ゆまに書房。

◆外国語

Arrington, Leonard J. 1997 *The Price of Prejudice: The Japanese-American Relocation Center in Utah during World War II.* Second edition. Utah: Topaz Museum.
Beebe, William 1926 *The Arcturus Adventure: An Account of the New York Zoological Society's First Oceanographic Expedition.* New York: Putnam.
——— 1942 *Book of Bays.* New York: Harcourt, Brace.
Bunton, G. W. and O. R. Norton 1961 Mars. *Pacific Discoveries* 14(1): 28-29.
Bustos, Y. 2009 *Expedition* of the California Academy of Sciences to Mexico and the Galapagos. https://www.calacademy.org/blogs/fromthestacks/1932templetoncrockerexpeditionofthecaliforniaacademyofsciencesto Viewed December 28, 2016.
California Academy of Sciences 1949a Toshio Asaeda on Exhibits Staff. *Academy Newsletter* 112: 2-3.
——— 1949b "Off the Beaten Track in the Pacific." *Academy Newsletter* 113: 4.
——— 1949c Scientific Staff. *Pacific Discoveries* 2(2): back side of the cover.
——— 1960 *Annual Report for the Year 1960.* California: California Academy of Sciences.

——— 1964 *Annual Report for the Year 1964*. California: California Academy of Sciences.

——— 1965a *Annual Report for the Year 1965*. California: California Academy of Sciences.

——— 1965b News and Notes…. *Academy Newsletter* 305.

——— 1968 Toshio Asaeda. *Academy Newsletter* 341.

California Institute of Technology 1948 Catalogue 1948-1949. *Bulletin of the California Institute of Technology* 57 (4). Pasadena, California: California Institute of Technology.

Carreau, Lucie 2018 Made to Measure: Photographs from the Templeton Crocker Expedition. In Carreau, L., Clark, A., Jelinek, A., Lilje, E., and N. Thomas (eds.) *Pacific Presences: Oceanic Art and European Museums* vol. 2, Leiden: Sidestone Press, pp. 139–153.

Chihara, M. and J. A. West 1998 Shigeo Yamanouchi (1876–1973): A Noted Japanese Phycologist. *Phycological Research* 46: 81–84.

Clark, H. W. 1936 The Templeton Crocker Expedition of the California Academy of Sciences, 1932 No. 29 New and Noteworthy Fishes. *Proceedings of the California Academy of Sciences* Fourth Series 21 (29): 383–396.

Craig, Robert D. 1989 *Dictionary of Polynesian Mythology*. New York: Greenwood Press.

Crocker, Templeton 1933a *The Cruise of the Zaca*. New York and London: Harper & Brothers.

——— 1933b The Templeton Crocker Expedition of the California Academy of Sciences, 1932 No. 2 Introductory Statement. *Proceedings of the California Academy of Sciences* Fourth Series 21 (1): 3–9.

——— n.d. *Zaca Sails South A Non-Scientific Diary*. Templeton Crocker Collection at the California Academy of Sciences, Box #1, Folder 6.

Department of Justice Division of Records 1941–1942 *Toshio Asakda*. Department of Justice Division of Records, NND978480.

Delsing, Riet 2015 *Articulating Rapa Nui: Polynesian Cultural Politics in a Latin American Nation-State.* Honolulu: University of Hawai'i Press.

Field Museum News 1934 Pacific Ethnology Exhibit is Augmented. *Field Museum News* 5 (7) : 3.

Fortune, Kate 2000 Pitcairn. In Lal, Brij V. and Kate Fortune eds. *The Pacific Islands: An Encyclopedia.* Honolulu: University of Hawai'i Press, pp. 602-603.

Grey, Zane 1928 Big Game Fishing in New Zealand Seas: Fisherman's Account of Fishing Cruise. *Natural History* 28 (1) : 46–52.

——— 1932 Dolphin at Tahiti: Capturing a Prize Specimen of the Most Colorful of Sea Fishes. *Natural History* 32 (3) : 300–302.

Grunsky, C. E. 1933 The Templeton Crocker Expedition of the California Academy of Sciences, 1932 No. 1 Foreword. *Proceedings of the California Academy of Sciences* Fourth Series 21 (1) : 1–2.

Haddon, A. C. and J. Hornell 1975 *Canoes of Oceania.* New York: Kraus Reprint. （Reprint. Originally published: Honolulu, Hawaii: Bernice P. Bishop Museum）

Haraway, Donna 1984 Teddy Bear Patriarchy: Taxidermy in the Garden of Eden, New York City, 1908–1936. *Social Text* 11: 20–64.

Herald, E. S. 1960 Academically Speaking. *Pacific Discovery* 13 (6) : 37.

Howell, J. T. 1934 Cacti in the Galapagos Islands. *Cactus and Succulent Journal* 5 (8) : 515-519.

Humpal, Mark 2017 *Ray Stanford Strong: West Coast Landscape Artist.* Norman: University of Oklahoma Press.

Jordan, D. S., Evermann, B. W., and S. Tanaka 1927 Notes on New or Rare Fishes from Hawaii. *Proceedings of the California Academy of Sciences* Fourth Series. 16 (20) : 649–680, plate 22–24.

Kant, C. C. (ed.) 2008 *Dolly & Zane Grey: Letters from a Marriage.* Reno: University of Nevada Press.

Keesing, Roger M., and Peter Corris 1980 *Lightning Meets the West Wind: The Malaita Massacre*. Melbourne: Oxford University Press.

Lambert, S. M. 1941 *A Yankee Doctor in Paradise*. Boston: Little, Brown and Company.

La Monte, Francesca 1928 The Zane Grey Game Fish Collection. *Natural History* 28: 93–97.

Langenheim, Ralph L. 1999 Memorial to J. Wyatt Durham 1907–1996. *Memorials* 30: 5-8.

Levinson, Judith and Sari Uricheck 2005 Documenting the Documenters: The Conservation Survey of the Akeley Hall of African Mammals. *Objects Specialty Group Post-prints* 12: 39–61.

Lemmy, K. 2013 James L. Clark. In Tolles T., and T. B. Smith (eds.) *The American West in Bronze, 1850-1925*. New York: The Metropolitan Museum of Art, New Haven and London: Yale University Press. p. 151.

Lundh, J. P. 1998 A Santa Cruz Pioneer has Died. *Noticias de Galapagos* 58: 35.

——— 1999/2001 *The Galapagos: A Brief History*. n.d.: Lundh, J.P.

May, S. J. 2000 *Maverick Heart: The Further Adventures of Zane Grey*. Athens: Ohio University Press.

Meares, Hadley 2020 *An Unsolvable Mystery: Captain Hancock and the Case of the Quarrelsome Castaways*. Public Media Group of Southern California. https://www.pbssocal.org/shows/lost-la/an-unsolvable-mystery-captain-hancock-and-the-case-of-the-quarrelsome-castaways Viewed on November 11, 2022.

Mill Valley Record 1954 S. F. Junior Museum Showing Photo Display of Beautiful Marin. *Mill Valley Record* April 2 : 2.

——— 1956 Trip to Mars is Fare at Planetarium. *Mill Valley Record* July 26 : 10.

Moore, Clive 2019 *Tulagi: Pacific Outpost of British Empire*. Acton, Australian Capital Territory: ANU Press.

Murphy, Robert C. 1936 *Oceanic Birds of South America: A Study of Species of the Related Coasts and Seas, including the American Quadrant of Antarctica, based upon the Brewster-Sanford Collection in the American Museum of Natural History*. Vol. 1, Vol. 2, New York: Macmillan Co.: American Museum of Natural History.

Nature Magazine 1930 The Nation's Best Photographs. *Nature Magazine* February: 106.

New Japanese American News 1951 Tropical Fish Paintings Shown. *New Japanese American News* October 17: 4.

——— 1961 Emperor Hirohito Given Film on Marine Life in California by Science Group. *New Japanese American News* April 9: 1.

New York Times 1929 An Article about Kodak Competition. *New York Times* July 28.

Otsubo, Sumiko 2005 Between Two Worlds: Yamanouchi Shigeo and Eugenics in Early Twentieth-Century Japan. *Annals of Science* 62 (2) : 205–231.

Palmer, T. S. 1933 The Fiftieth Stated Meeting of the American Ornithologists' Union, October 17–20. *The Auk* 50 (1) : 64–79.

Pauly, T. H. 2007 *Zane Grey: His Life, His Adventures, His Women.* Urbana and Chicago: University of Illinois Press.

Perkins, H. C. 1963 Redescription and Second Known Record of the Bothid Fish, Monoleneasaedai Clark. *Copeia* 1963 (2) : 292–295.

Polk, R. L. & Co 1940 *Polk's Crocker-Langley San Francisco City Directory.* San Francisco, California: R. L. Polk & Co.

——— 1951 *Polk's Crocker-Langley San Francisco City Directory.* San Francisco, California: R. L. Polk & Co.

San Francisco Public Schools Bulletin 1951 New Addition Open to Simpson African Hall. *San Francisco Public Schools Bulletin* 23 (14) : 4.

San Pedro News Pilot 1931 Grey is back from S. Seas: Noted Author Brings Rare Fish, Plans Another Cruise Next Year. *San Pedro News Pilot* July 13: 2.

Santa Cruz Sentinel News 1948 Crocker Estate More Than Million. *Santa Cruz Sentinel News* December 21: 4.

——— 1956 'Man on Mars' Now Playing at Planetarium. *Santa Cruz Sentinel News* July 7: 24.

——— 1963 His Lions Almost Smile.... *Santa Cruz Sentinel News* March 6: 2.

Sausalito News 1954 Marin County's Scenery Shown in SF Junior Museum Exhibits. *Sausalito News* April 2: 6.

Science News Letter 1936 Cast of Easter Island Head Placed in American Museum. *Science News Letter* 29 (774): 83.

Seale, A. 1935 The Templeton Crocker Expedition of the California Academy of Sciences, 1933 No. 27 Fishes. *Proceedings of the California Academy of Sciences* Fourth Series 21 (27): 337–378.

Shapiro, H. L. 1935 Mystery Island of the Pacific. *Natural History* 35: 365–378.

Slevin, Joseph R. 1936 Tame "Wildfowl" of the Galapagos Islands: An Archipelago Where the Unique Avifauna Lives Unmolested by Man. *Illustrated London News* 873-875.

Takahashi, T. 1943 Personality Sketch: Toshio Asaeda. *Topaz Times* August 5: 2.

Taxidermy Hall of Fame n.d. *Cecil Tose.* https://taxidermyhalloffame.org/cecil-tose/ Viewed January 4, 2024.

The Japan California Daily News 1932 Asayeda, Photographer in Zane Grey's Cinema. *The Japan California Daily News* May 7.

The Museum News 1949 Staff Changes. *The Museum News* 27 (1): 3.

Thomas, Nicholas 2005 Introduction. In Thomas, N., Cole, A., and Bronwen Douglas (eds.) *Tattoo: Bodies, Art, and Exchange in the Pacific and the West.* Durham: Duke University Press.

Topaz Times 1942a The United States Today: Geography for People Interested in Relocation. *Topaz Times* December 12: 7.

——— 1942b アメリカ研究連続講演 *Topaz Times* December 12: 7.

——— 1943a Editorial: Our New Comers. *Topaz Times* March 20: 2.

——— 1943b N. Y. Museum Seeks Sherds. *Topaz Times* March 11: 2.

——— 1943c Hawaiians' Shell Exhibits Attract Topaz Residents. *Topaz Times* May 18: 1.
——— 1943d Library. *Topaz Times* May 20: 3.
——— 1943e 布哇展覧會 収入全部を公共く *Topaz Times* May 20: 4.
——— 1943f Adult Summer Bulletin. *Topaz Times* June 29: 8.
——— 1944a Adult Education Department 8-7-E. *Topaz Times* June 14: 5.
——— 1944b Meteorite Found Near Topaz, Specimen Sent to Washington. *Topaz Times* October 11: 1, 5.
——— 1944c Meteorite Found by Residents is 9th Largest in US. *Topaz Time*s December 23: 4.
——— 1945 Asaeda Displays Art Work at H.S.. *Topaz Times* February 14: 4.
Tose, Cecil and Don Greame Kelly 1950 Bringing Them back "to Life". *Pacific Discovery* 3（6）: 16-19.
United States. War Relocation Authority 1945 *Central Utah Final Accountability Report.* 15: 8.

＊日記のなかに、現在では不適切とされる表現がありますが、
執筆年代・執筆された状況を考慮して原文のままにしています。

著者略歴
丹羽典生（にわ・のりお）
国立民族学博物館グローバル現象研究部教授、専門は社会人類学、オセアニア地域研究。
主な著書・編著に、『記憶と歴史の人類学―東南アジア・オセアニア島嶼部における戦争・移住・他者接触の経験 』（風間計博・丹羽典生編、風響社、2024年）、『応援の人類学』（丹羽典生編、青弓社、2020年）、『〈紛争〉の比較民族誌―グローバル化におけるオセアニアの暴力・民族対立・政治的混乱』（丹羽典生編、春風社、2016年）、『脱伝統としての開発―フィジー・ラミ運動の歴史人類学』（丹羽典生、明石書店、2009年）など。

ガラパゴスを歩いた男――朝枝利男の太平洋探検記

2025年1月11日 初版第1刷発行

著　者　丹羽典生
発行者　阿部黄瀬
発行所　株式会社 教育評論社
〒103-0027
東京都中央区日本橋3-9-1 日本橋三丁目スクエア
Tel. 03-3241-3485
Fax. 03-3241-3486
https://www.kyohyo.co.jp
印刷製本　株式会社シナノパブリッシングプレス

定価はカバーに表示してあります。
落丁本・乱丁本はお取り替え致します。

ISBN 978-4-86624-110-4